「食」の図書館

ワインの歴史

WINE: A GLOBAL HISTORY

MARC MILLON
マルク・ミロン【著】
竹田円【訳】

原書房

目次

［……］は翻訳者による注記である。

序章◉神からの贈りもの

ワイン。それは、人類が創造したあらゆる農産物の中で、もっともすばらしい飲みものだ。複雑で、謎めいていて、まるで魔法のようで、それでいて最高にシンプルでナチュラル。

つきつめてみれば、ワインは、生のブドウの果汁を醱酵させたものに過ぎない。ヴィティス・ヴィニフェラ種（ワイン用ブドウという意味）は、高濃度のフルクトース（果糖）を含んでいる。ブドウの果実を圧搾《あっさく》すると、皮についている野生の酵母が糖を食べてアルコールに変え、副産物として二酸化炭素を放出する。すると、おいしいかどうかはともかく、醱酵した飲みものができる。空気にさらしておくと、たちまちいたんで、酸っぱくて飲めたものではなくなるが、きちんと仕込めば、何か月も何年も何十年も、何百年でも保存できる飲みものになる。

ワインは、現生人類［地球上に現存する人類。ホモ・サピエンス］の誕生と同時に産声をあげた。醱酵飲料（ワイン）をつくるためにブドウの実を集める習慣は、おそらくいまから８０００年ほど前に、私たちの祖先が遊牧型の狩猟採集生活から定住型の農耕生活に移行した頃にはじまったようだ。ブドウの木は、最初の故郷（コーカサス山脈南麓周辺とする説が有力だ）からすみやかに小アジアへ、そして地中海地方に広まり、ワインは文明そのもののいわば象徴となった

ワインは、発見されて生産がはじまったときから、まるで神からの贈り物であるかのように特別扱いされていた。ワインづくりには相当努力が必要だったはずだから、あらゆる農産物の中でとくに価値があるとされていたのは無理もない。かつてワインづくりに何が必要とされたか（いまも何が必要とされているか）を考えてみよう。ブドウは収穫できるようになるまで何年もかかる。そこまではとくに丁寧に手をかけてやらなくてはいけない。一年間ブドウ畑でせっせと働いて、収穫できるのは年にたった一度だけ。ブドウの実を傷つけないように収穫して、ワインをつくる施設まで運ぶ。ブドウの実を圧搾して、アルコール醗酵させ、果汁をワインに変える。完成したワインが絶対にいたまないように保存する。こうした根気のいる労働と、ワインには意識の状態を変える力があるという事実を足し合わせると、なぜワインがはじめからこれほど価値があるとされたのか、そしてワインに「神」や「奇跡」といった意味が込められるようになったのかがわかる。

ワインは古代から王侯貴族の飲みものだった。シュメール文明からエジプト文明まで、いくつもの文明で、ワインは現世のもっとも大事な節目の飲みものであっただけでなく、来世への旅立ちという「究極の誕生」の供《とも》でもあった。

王やファラオ、戦士たちの飲みものであったワインは、正真正銘の神からの贈りものと考えられ

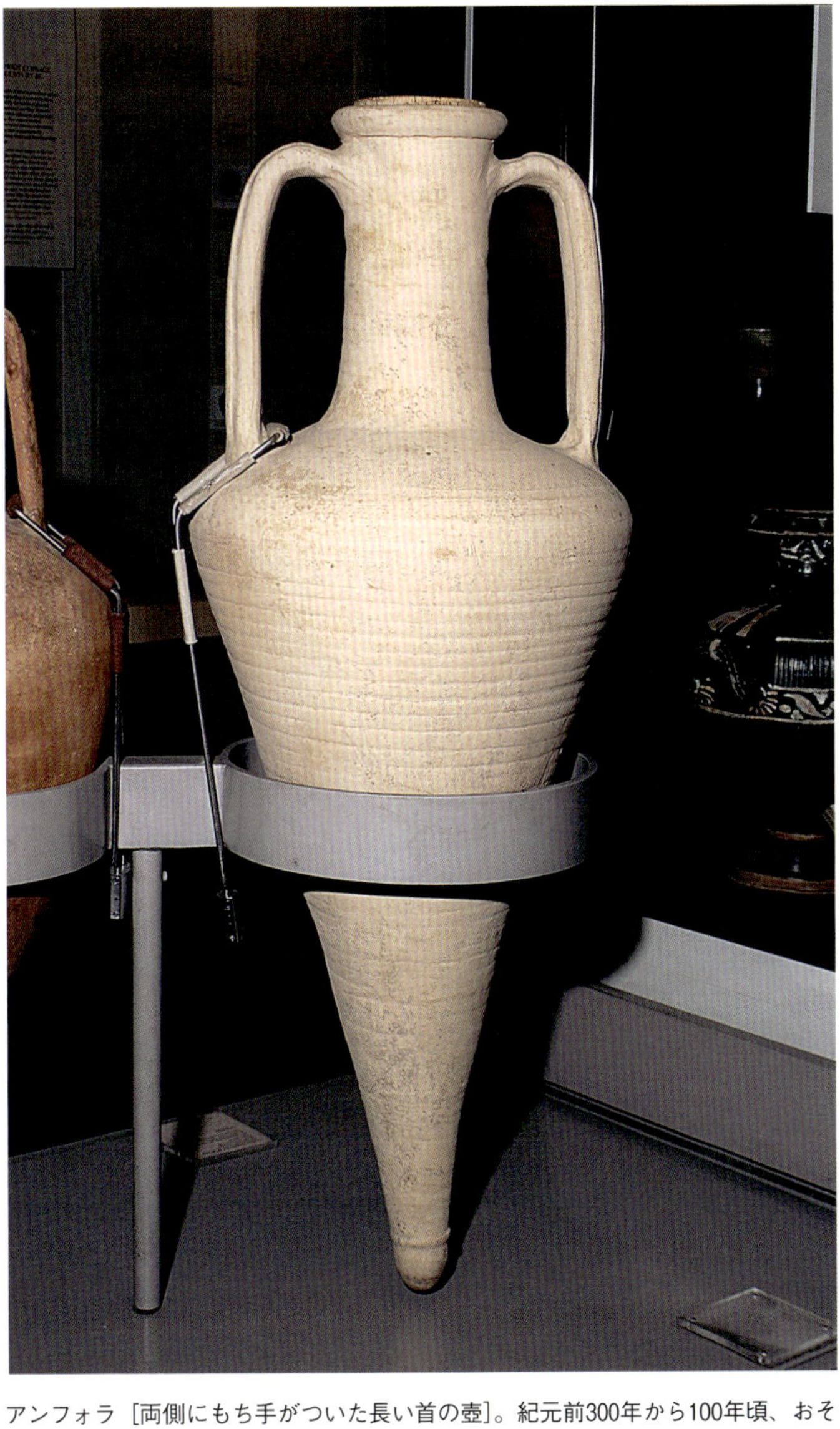

アンフォラ［両側にもち手がついた長い首の壺］。紀元前300年から100年頃、おそらくキプロス島でつくられたもの。アンフォラは、古代世界でワインの輸送と貯蔵に用いられていた容器。船倉に積めば地中海を輸送することができた。

中国・殷代の注ぎ口つき儀式用ワイン容器。紀元前13世紀のもの。

ていた。古代ギリシアやローマでは、ワインを飲んで悦楽に浸るカルトが誕生した。その一方、ユダヤ教やキリスト教ではワインは儀式や典礼に欠かせないものとなった。聖体の秘跡［パンをイエスのからだとして食べ、ワインをイエスの血として飲む儀式］を行なうにはワインが日常的に必要だった。それはつまり、キリスト教が新世界やさらにその先の地域に普及したとき、毎日のミサのワインを準備するために、新天地にブドウ畑を拓かなければならなかったことを意味する。

こんにちブドウは世界中に植えられている。いまやワインは、宗教的・世俗的ハレの瞬間を祝う飲みものというだけでなく、多くの人にとって、なくてはならない日常の飲みものでもある。現に毎日食事と一緒にワインを飲む習慣は、国際的に大きな影響力のあるヨーロッパの国々の生活や文化の一部となっている。ワインの消費量は、イギリスやアメリカなどの国々や、ワインを本格的に飲むようになってきたインドや東南アジアや極東の国々でも増加傾向にある。

こんにち、ワイン用ブドウは南極大陸以外のすべての大陸で栽培されている。ブドウ属の中で、コーカサス山脈南麓で産声をあげたと言われるヴィティス・ヴィニフェラ種だけがなぜこうも見事に世界中に広がったのか？　さらにこんな疑問も浮かぶ。なぜブドウなのか？　そもそも、ほとんどの果物や、植物の実、根、茎は、醗酵して、それ自体に含まれる天然の糖をアルコールに変えることができる。ワイン以外にも、シードル（リンゴ酒）などの果実酒や日本酒、穀物やジャガイモなど炭水化物を原料とする各種蒸留酒、オオムギ麦芽が原料のビールなど、たくさんの酒がある。しかし、ブドウからつくられるワインに匹敵するものはない。すばらしくおいしいアルコール飲料というだけでなく、まるごとひとつの文化をもち、生産と消費の両面でカルト的な信者を抱えるただひとつの飲みものなのだから。

ワインの物語。それはじつに魅力的な物語だ。この本のかぎられたページ数では、グラスに秘められた物語をのぞきこもうとしても、表面にさざ波を立てる程度のことしかできないだろう。どうかこの本が、あなたの好奇心に火をつけ、もっと深い探究の足掛かりとなりますように。ワインの原産地、その歴史と伝統、無限ともいえる種類、ワインとワインの味わい方の文化、これらを理解すれば、この世の何よりもすばらしい、複雑で魅力あふれる飲みものをさらに深く理解し、楽しめるようになるのだから。

第1章◉ブドウ

さて、ノアは農夫となり、ぶどう畑を作った。あるとき、ノアはぶどう酒を飲んで酔い、天幕の中で裸になっていた。（創世記9章20～21節）

ノアは、あらゆる飲みものの中で最高の魔力をもつ高貴で不思議な飲みもの、ワインの酩酊効果を愉しみ、そして苦しんだ最初の人間だった――まさかそんなはずはない。考古学的証拠によれば、新石器時代の私たちの祖先は、すでに紀元前6000年頃には小アジアのどこかで栽培化されたブドウを育てはじめていた。

ユーラシア大陸生まれのこの頑固なつる植物は、コーカサス山脈南麓、アナトリア［黒海と地中海に囲まれた地域］、トルコ、中東、そしてひょっとすると地中海沿岸地域にまでおよぶ温暖な地域に根づき、葉を茂らせ、たわわに実を結んでいた。先史時代の狩猟採集民は、最初は、ほかの食べものと一緒に、野生のブドウの実をたんに集めていたのだろう。食べきれなかった分のブドウが、ブドウの皮についている酵母の働きで自然に醱酵したときの状況は容易に想像がつく。偶然生まれたこの飲みものは、厳密に管理された現代のヴィンテージに味はおよばなかっただろうが、同じように人を愉快な気分にさせたり、気分を変容させたりする効果があった――要は、酔っぱらわせることができた。

人生が確実に「汚くて、野蛮で、短かった」世界では、この原始的なワインこそ、神の与えたもうた一献であり、私たちの遠い祖先を、醜く残酷な現実から夢の彼方へ連れ去る秘薬だったに違いない。ごく初期の段階から、ワインが神の贈りものと考えられていたのも無理はない。

新石器時代、人類は植物を栽培化し、動物を家畜化することによって共同体をつくりあげ、一年中定住して暮らせるようになった。こんにちの西洋文明のはじまりである。文明のゆりかごが、ヴィティス・ヴィニフェラ種が生息できる温暖な気候の地域であることは、たんなる偶然の一致だろうか？　システマチックな農業が発達すると、行き当たりばったりの遊牧型採集生活の頃よりも安定した潤沢な食糧供給が実現した。家や集落がひとところに落ち着くと、食べものを消費する方法――調理技術、焼く技術、パンやビールやワインをつくる醱酵技術――も、それ以前よりずっと洗練されたものとなった。

システマチックなワインの生産は陶器の発達によって実現した。大型の容器にはブドウ果汁をたっぷり入れて醱酵させ、ワインが出来上がると小さめの容器に入れて貯蔵した。陶器の壺は紀元前6000年頃からつくられるようになった。イラン北部の山中で発見された紀元前5000年頃の土の壺にワインが入っていたことが科学的分析によりわかっている。

イランで出土したワインの貯蔵用壺。山ヤギの絵が描かれている。紀元前4000年頃。

ワインであれ油であれ、大量の液体の輸送は大きな技術的課題だった。キプロス島で出土したこのテラコッタの出土品は紀元前600～500年頃のもので、二重円錐のアンフォラを乗せた、二輪の荷車の例。ワインを、貯蔵室から個人の住まいや、もっと遠いところまで運ぶことができた。

ワインを壺に入れて、（おそらく）地中に埋めて冷蔵したり、温度が一定に保たれる洞窟に置いておくことが可能になると、数か月、いや、もっと長い期間でもワインを保存できるようになった。その結果、ワインをすぐに飲み切る必要がなくなり、ここぞという重要な宴会や儀式、共同体としての宗教や行事のために、また毎日飲むために（そんなことができたのは社会のごく一部の人間だけだっただろうが）、ワインが保存できるようになった。

◉ヴィティス・ヴィニフェラ（ワイン用ブドウ）

ブドウは、ブドウ科 *Ampelidaceae* の植物である。ブドウ科には生命力の旺盛なたくさんのつる性植物がある。文字通り何千種類もの仲間が存在するが、ブドウの実をつけることができるものはすべてブドウ属 *Vitis* である。

そして数多くのブドウ種の中で、ヨーロッパ、アジア、近東に自生していたヴィティス・ヴィニフェラ種 *V. vinifera* が、ワインづくりにもっとも重要な種として他を圧倒するようになった。ブドウ属にはそのほかに北米原産の *V. labrusca*（ラブルスカ種）、極東原産の *V.amurensis*（アムレンシス種、和名チョウセンヤマブドウ）、*V.riparia*（リパリア種）、*V.rupestris*（ルペストリス種）、*V.berlandieri*（ベルランディエリ種）などがある。

ヴィティス・ヴィニフェラの何がそれほど特別なのか？　端的に言うと、まず、ヴィティス・ヴィニフェラ種は、適正な条件で栽培されれば、果実に含まれている天然の糖を自身の重さの3分の1にまで凝縮することができる。さらに酸味やタンニン、その他の風味化合物との自然のバランスによって保存性の高いワインをつくることができる。言い方を変えると、ヴィティス・ヴィニフェラ種は、すぐにいたんでまずい酢やもっとひどいものになるものではなく、一定期間飲用に耐えられるアルコールやその他の成分をたっぷり含んだワインをつくる、最大の可能性と力をもっていた。

私たちの祖先は、野生のブドウ（*V. u. silvestris*）の実を見かけるたびにほうばっていた。野生のブドウは、いまでも雌雄異株《しゆういしゆ》［雌花と雄花を別々の個体につける植物］だ。それからおそらく数千年の間に、私たちの祖先が野生種から雌雄同株［雌花と雄花とが同一の個体に生じる植物］の変種を有意に選択したことによって現在の多産な栽培種（*V. u. sativa*）が誕生した。それ以来、ブドウは絶え間ない選択と適応を通じて進化し続けている。実際、ヴィティス・ヴィニフェラの最大の特徴のひとつは、異なる環境や微細気候［日照や風通しなどその土地の細かい条件］に適応できる生命力の強さだ。生き残るために必要とあらば突然変異することさえある。

それぞれ異なるブドウ畑に最適な品種を選択することによって、人類はこのプロセスを後押ししてきた。あるブドウ品種が、ある特定の土壌や地形や気候を備えた土地でとくによいワインの原料となるのは、たんなる偶然ではない。

◉生物多様性の強み

こんにち、世界各国のワインの生産地で、それぞれのブドウ畑の条件に適応しているヴィティス・ヴィニフェラ種（ワイン用ブドウ）の品種は、数千種類とは言わないまでも数百種類におよぶ。それぞれの品種には独特の味と性格がある。ただし同じ品種でも栽培地が北半球か南半球かといった具合に違う環境で栽培されると、味や性格がかなり異なるワインになることがある。同じ地域、同じ地区、同じ村の隣り合ったブドウ畑でも、地形が違えば味も性格も異なるワインになる場合もある。

ヴィティス・ヴィニフェラは、現在世界各地のじつに多様な環境で栽培されている。たとえば、イタリアのヴァッレ・ダオタスタ州ではアルプスの高い山の斜面で、ポルトガルのコラレスでは吹きさらしの砂地にほとんど埋もれるような格好で、チリとアルゼンチンにまたがるアンデス山脈の空気の稀薄な高地で、中央ロシアの灼熱のステップで、宣教師がブドウ畑を開墾したカリフォルニアで、入植者が苗木を運んできた南アフリカのケープで、広大なオーストラリア大陸の全域で、ニュージーランド南島の冷涼な気候の土地で。アメリカのテキサス州やアイダホ州、イングランド

イタリア、ピエモンテ州のバローロ用ブドウ畑で栽培されているネッビオーロというブドウ。古代も現代も、世界の大多数のワインは、ヨーロッパ、アジア、近東原産のブドウ品種、ヴィニフェラ種からつくられる。

やウェールズといった意外な地域でもブドウは栽培されており、たくさんのワインが——それも質のいいワインが——つくられている。一方、極東では中国が新興のワイン生産国として急速に成長している。地球最大の国土と人口を擁する中国では、右肩上がりのヨーロッパワインの需要を満たすために、ヴィティス・ヴィニフェラ種の植え付けも行なわれている。驚くことに、中国はすでに世界のワイン生産国上位10か国のひとつである。

ブドウの品種の中には、特定の地形や特別な微細気候を備えたごくかぎられた地域でしか育たないと思えるものもある。その一方、世界中のさまざまな環境に適応できるものもある。それを証明しているのが、カベルネ・ソーヴィニヨン、メルロー、シャルドネ、ソーヴィニヨン・ブランといった、世界各地でたくさんの実を結んでいる品種の繁栄だ。これらのブドウ品種はまったく異なる環境、地形、風土にも適応している。

新しい環境への適応力の高さが、このブドウという魅力的な植物に古くから伝わる特徴だとすれば、もうひとつの特徴は、人間の介入を通して、古い品種をかけあわせることで新しい品種をつくり出すことができるというものだ。たとえば、ドイツで人気のあるブドウのミュラー＝トゥルガウは、１００年以上前にリースリングとシルヴァーナーをかけ合わせてつくられたものだ［遺伝子調査の結果、現在ではリースリングとマドレーヌ・ロイアルを交配したものであることが判明している］。この品種は、気難しいリースリングより栽培しやすく、たくさんの実をつける。同じように、人間の創意工夫によってつくられた、たくさんのブドウの品種がある。

さらに、同じブドウ品種の中からすぐれた形質を求めてクローン［個体から無性的にできた子孫。ブドウの場合は種子ではなく挿し木などの方法で増やされた子孫の集団］の選抜を行なうクローン選抜の研究も急ピッチで進んでいる。この技術によって、ワイン醸造家は特定の性質や性格をもつブドウを選択することができる。たとえばある特定の土壌にとくに適したクローン、またはウィルスへの強い耐性があるクローン、あるいはワイン醸造家の個人的な選択によって酸味の強い（もしくは弱い）ワインの原料となるクローンを選ぶことができる。「キャンティ・クラシコ２０００」という研究プロジェクトでは、キャンティ・クラシコの原料となる主要なブドウの型から２００種類以上のクローンが分析され、とくに個性的な性質をもつ24種類のサンジョヴェーゼ［イタリアの代表的な赤ワイン用ブドウ］が、優良クローンとして選ばれた。

●交雑品種

ヴィニフェラ種は、世界の圧倒的多数のワインを――そして間違いなく最良のワインを――つくっていると言ってよいが、もちろんその他の品種のブドウからもワインはつくられている。とくに有名なものが、北米全域に生い茂るラブルスカ種で、昔からオハイオ州やニューヨーク州などで独特のワイン（ヨーロッパのワイン鑑定人にはそっぽを向かれることもあるが）の原料とされてきた。１００３年、ヨーロッパ人としてアメリカ大陸にはじめて上陸したというノルマン人航海者レイフ・エリクソン［970頃～1020年頃］が発見したブドウはラブルスカ種だったのかもしれない。

エリクソンは、自分が発見した土地に居留地を築き、その土地を「ブドウの国（ヴィンランド）」と名づけた（現在のニューイングランドあたりと思われる）。エリクソンと仲間のノルマン人が、自分たちが発見したブドウでワインをつくった、もしくは飲んだという証拠はないが、はじめて訪れたこの土地を「ブドウの国」と名づけたということは、ブドウが生い茂っていたからに違いない。

現在、ヴィニフェラ種とラブルスカ種、もしくはヴィニフェラ種とアムレンシス種など、異なる種同士をかけあわせる交雑品種［異なる品種どうしをかけ合わせてつくられる品種］が開発されている。こうした交雑品種は、ヨーロッパの定評あるブドウ畑では禁止されたり避けられたりするが、イギリスや北米の一部地域のようなヴィニフェラ種の栽培が難しい土地では、はっとするようなワインになる。実際、イギリスでは、この数十年の間にセイヴァル、マドレーヌ・アンジェヴァイン、ロンドなどの交雑品種を主体にしたブドウ畑が増えている。その結果も上々《じょうじょう》だ。

◉フィロキセラ

19世紀中頃までのヨーロッパのブドウ畑は、規模の大小はあれどいずれも歴史は古く、中には古代ローマやギリシア、いや、さらに古い時代にまで起源をさかのぼるものもあった。大食いアブラムシ（その後フィロキセラ *Phylloxera vastarix* と命名される）――「荒らし屋」――がフランス中のブドウ畑の根を次々とむさぼり、餌食となったブドウを枯らしてしまうことがわかったときの恐怖たるや大変なものだったと想像される。ラングドック地方［フランス南部］のある地域のように、

イギリス、デボン州で栽培されているセイヴァル種。ヴィニフェラ種とラブルスカ種など異なる品種を交配した交雑種は、純粋なヴィニフェラ種のブドウ栽培がかなり難しい土地でも優秀なワインをつくることができるようだ。

不純物がほとんどない砂地にブドウが植えられていた場所を除けば、フィロキセラの被害をまぬがれた地域は皆無と言えた。その他の地域では例外なく、ブドウ畑が一面、また一面と食い荒らされて、フランス中のワイン醸造家の生計を破壊する大惨事となった。ブドウ畑は害虫根絶のために燻《くん》蒸《じょう》消毒されたが、結局ほとんどのブドウは枯れて、そのままブドウが植えられなくなった畑も多かった。フィロキセラは大食漢なだけでなく足も速かったので、1920年代には、ヨーロッパ全土に被害が拡大した。

厖大《ぼうだい》な考察と実験の結果、ついに根本的な解決策が見つかった。フィロキセラは、ヨーロッパにもともと生息していたはずがない。ヨーロッパにいたなら、ヨーロッパのブドウにはこれに対する何らかの自然免疫能があるはずだ。アメリカからやってきたのなら、アメリカのブドウには免疫があるだろう。とすれば、フィロキセラに耐性のあるアメリカの台木にヨーロッパのブドウを接ぎ木したらどうだろう？　この解決策に強く反発した地域もあったが、結局、農薬でフィロキセラを根絶することはできなかったので、ブドウ畑を掘り返して、ラブルスカ種などの台木に接ぎ木したヴィニフェラ種をあらためて植えるという対処法が受け入れられた。

このように、20世紀初頭の数十年間で、ヨーロッパの主要なブドウ畑では、ブドウがほぼ完全に植え替えられた。当時、一部のワイン通の間で、フィロキセラ被害後のワインは、それ以前のワインにおよばないという声もあったが、ヨーロッパのワイン産業全体を救うにはほかに手立てはなかったのだ。

ヨーロッパ中のブドウ畑が植え替えの必要に迫られた結果、ワイン生産が採算ぎりぎりだった地域は――月並みなワインしかできなかった地域も――見限られた。一方、伝統的なワインの産地では、法律による規制の下でブドウ栽培をシステマチックに行なおうという観点から、フランスで、アペラシオン・ドリジーヌ・コントロレ（生産地呼称統制。略称ＡＯＣ）が創設された。ＡＯＣとはワインの原料とされるブドウの品種、収穫量、栽培法、剪定《せんてい》法、醸造法、熟成法などの重要事項を明確に規定してワインの真正性と原産地を消費者に保証する制度であり、消費者は以前よりも安心してワインの原産地や原料を確認し、飲むことができるようになった。

●テロワール

フランス人のワインに対する考え方の核にあるのが「テロワール」という概念だ。英語にはこれにぴったりあてはまる言葉はない。テロワールは、ワインづくりに関わる特性――地理、気候、微細気候、そして歴史や人間――が組み合わさったものを指す言葉である。その根底にあるのは、強烈で際立った個性をもつワインだけが、その土地のテロワールと呼ばれているものの独自性を示すことができるのだから、上質なワインであるほど厳密に生産地を特定できるはずだという信念だ。

たとえば、ブルゴーニュ地方が産するピノ・ノワールのワインは、世界の他のどの場所でつくられているピノ・ノワールとも異なる。そして、ブルゴーニュ地方のコート＝ドール産のワインは、たんにブルゴーニュという地方名しか記されていないものより深い味と個性をもつ。ジュヴレ＝シャ

テロワールという概念は、ワインはその創造に関わる地理、気候、微細気候、文化、作り手などの無数の要素が総和された独特の製品であるという前提に基づいている。

ンベルタンやヴォーヌ＝ロマネといった特定の村やコミューンの呼称はさらに厳密で、その村やコミューン独自の性格を表現しているワインに与えられる。そしてもっとも偉大で個性的なワインは、シャンベルタンやラ・ロマネのように、独自の呼称を名乗ることを許された特定のブドウ畑でつくられたものである。こういったワインは、テロワールを最高かつ最大限に表現しているワインの中のワインであって、プルミエ・クリュ［一級］やグラン・クリュ［特級］に格付けされている場合もある。

ＡＯＣによって定められ、系統的に分類されているテロワールの概念は、フランス独自のものではない。ヨーロッパの伝統的なワインの産地はみなどこも同じようにテロワールの概念を利用している。イタリアとスペインにはそれぞれフランスのＡＯＣを手本にしたデノミナツィオーネ・ディ・オリージネ・コントロッラータ（ＤＯＣ）と、デノミナシオン・デ・オリヘン（ＤＯ）がある。ドイツには、クヴァリテーツワイン・バシュテムター・アンバウゲビーテ（ＱｂＡ）と、クヴァリテーツワイン・ミット・プレディカート（ＱｍＰ）という格付けがある。いずれもワインの原産地（場合によっては個人のブドウ畑）、ブドウの品種、ＱｍＰの場合は熟成度を定めている。

●品種主義

ヨーロッパ人の感覚からすれば、テロワールという概念は、自分たちが飲むワインを特定する昔ながらの便利な考え方である。サン＝テミリオン、アルザス、バローロ、リオハ、ラインガウ。これらはワインの名前であると同時に生産地の町や地域の名称でもある。これは、ヨーロッパの伝統的な産地のワインを理解し、味わううえでの基本である。

だが、ワインを飲む者にとって、ワインづくりに関わる基本中の基本であるブドウ（ヴィニフェラ種）以上に、生原産地は本当に重要だろうか？　ニューワールド［南北アメリカ、オセアニア、南アフリカなど、ワインの新興生産地と考えられている地域］では、ワインはもっぱら原料となる主要なブドウの品種によって区分されて販売される。ヨーロッパでもこの傾向は高まりつつある。消費者は、シャルドネ、ソーヴィニョン・ブラン、メルロー、ピノ・グリージョ、カベルネ・ソーヴィニョン、ピノ・ノワールといったブドウの品種でワインを選ぶのだ。生産地はいまでももちろん重要だが、消費者が生産地よりもワインの生産者やブランドを求めて信頼する（後者の場合の方が多いだろう）ケースが増えている。

なぜ現代のワイン愛飲家はブドウの品種でワインを選ぶのか？　理由は簡単だ。村の呼称ごとに異なるワインのニュアンスの違いを見分けたり、わかりづらいイタリア語の地名が書かれたむやみに種類が多いイタリア・ワインの名前を苦労して覚えたりするよりは、ブドウの品種やブランドでワインを選ぶ方がずっと楽だからだ。しかし、原産地やテロワールをまったく考慮しないでワインを選べば、ただ飲むだけではわからない、ワインをより深く知って味わうという醍醐味は失われるだろう。

◉風味の世界

逆説的な話だが、ブドウの品種が重視されるようになって、ワインの原料となるブドウへの理解が深まるどころか反対の状況が生まれている。現実には、ワインの原料となる厖大なブドウ品種の生物多様性が消費者に称えられるどころか、ワイン用のブドウ品種の数はどんどん減っているのだ。国際的なブランドが繁栄するということは、大勢の人に味と名前を認知されている無難な、一握りのいわゆる国際的品種が、小数の人にしか知られていない貴重な土着種に（悲しいことだが）取って代わりつつあるということを意味する。

いまから数千年前、私たちの祖先はヴィニフェラ種の栽培技術を習得した。以来、人類は創意工夫を重ね、この地球上でもっとも複雑ですばらしいワインという飲みものを進化させてきた。現在も世界各地で厖大な種類のブドウ品種が栽培されている。ワインの種類は無限に近く、そのスタイルもじつに多様である。ブドウは、地球上のさまざまな環境や状況に適応できる生命力のおかげで生き延びてきた。ワイン愛好家の飽くなき好奇心によって、ブドウ種の生物多様性を反映するワインの豊富な種類が今後とも末永く保存されることを祈ろう。

第2章◉古代のワイン

ヴィティス・ヴィニフェラ種は生命力の強い植物だ。気候や微細気候がまったく異なる多様な地域、国、大陸に根を張り、緑の葉を茂らせて実を結ぶ。ブドウ栽培が世界各地にどう広まっていったかを考えるのは興味深い。

◉ワインの起源

ワインづくりはどこではじまったのだろう？　古代ワインの起源にくわしいパトリック・マクガヴァンは、イラン南西部ザグロス山脈のハッジ・フィルズ・テペ遺跡で、新石器時代の人類最古のワインと思われるものを発見した。科学的分析の結果、マクガヴァンらが発見した土器の内容物の残滓は醱酵したブドウ果汁、すなわちワインであることがわかった。この遺跡は紀元前５４００年から５０００年のものであり、家庭規模でワインづくりが行なわれていた最古の証拠と考えられる。

歴史書や古代の文献は伝説や風聞《ふうぶん》に基づいている可能性があるものだが、マクガヴァンの調査は、これほど古い時代からシステマチックなワインづくりが試みられていたという具体的証拠を考古学や自然科学が提供できることを実証している。

たとえば、土器の破片に酒石酸《しゅせきさん》［ブドウなど酸味の強い果実に含まれる有機化合物］や酒石酸カルシウムの残滓があれば、これらの物質を測定できるほど大量に含んでいるのはワインだけなので、ワインがあったと言える。酵母の残留物は醱酵が起きた証拠であり、木の残留物は、こうした原始的なワインがおそらく保存剤でもあった樹脂でひんぱんに香りづけされていたことを示唆する。

野生ブドウ *V. vinifera silvestris* のＤＮＡと現代の栽培種のＤＮＡを比較すれば、さらに多くのことが明らかになるかもしれない。行き当たりばったりのワインづくりから、栽培化された *V. v. sativa* を使ったシステマチックなワインづくりに移行した正確な時期を特定できるかもしれない、とマクガヴァンらは期待している。

醱酵したブドウの果汁が最初に思いがけず手に入ったときの状況は容易に想像がつく。石器時代の人類がどこかの肥沃な渓谷で——おそらく現在、ジョージア［旧国名グルジア］、トルコ、アルメニア、アゼルバイジャン、イランがある高地のどこかで——ベリーに似た果実をたわわにつけた、野生のブドウに遭遇したのだ。誰がその実を摘んで、味わってみずにいられただろうか？　実は甘くて酸っぱかっただろう。ブドウはたんに食べるために集められて、食べきれなかった分はおそら

紀元前2700年頃のこの一対のワインの容器のように、美と機能は分かちがたく結びついている。ワインと水やその他の香味料を混ぜるために使われていたものだろう。

く獣の皮の袋や石の鉢などの容器や、木のうろに入れられたのだろう。自身の重みで下のブドウがつぶれると、皮についていた酵母の白い粉がブドウ糖を糧に自然醱酵をはじめ、その結果、何やらワインらしきものが、アルコール度数は低いが、いちおう醱酵飲料である飲みものができたのだろう。その飲みものは、すぐに飲まないといたんでしまったはずだ。そして、一気に大量に飲めば、心に変化をきたす効果は強まるばかりだっただろう。

それは偶然の賜物だったのかもしれない。しかし、世にも甘美なこの飲みものをどうかすれば計画的につくれるかもしれないという可能性も示唆されていた。先史時代の人類にとって、それは大きな課題であると同時に飛躍のチャンスでもあった。はるか昔から人間を人間たらしめているものとは、その知性や創意や先天的な知的スキルを種の保存のみならず、文明の創造と発展につきもの

ワインの物語は、古代世界から発掘された無数の芸術品に表現されている。この古代ローマの大理石の石棺に彫られているのは、しぼりたてのブドウの果汁（ムストゥム）を大鍋で煮込んで濃縮するようす。ムストゥムはワインを甘くするために使われていたらしい。

の問題を解決するために利用することだったのだから。

行き当たりばったりの果実採集と偶然の醗酵から、栽培化されたブドウの栽培とシステマチックなワイン醸造に移行するには、どんな段階を経る必要があっただろうか。まず、何十年も何百年も力を合わせて、野生ブドウ *V.v.sylvestris* を近縁の栽培種 *V.v.sativa* に改良しなくてはならなかった。それは、毎年たくさん実を結ぶだけでなく、風味のよい実をつける雌雄同種の選択を通して行なわれた。ブドウ畑は一年中手入れする必要があるうえに、植えつけてから収穫できるようになるまでに何年もかかること、年に一度しか実を結ばないことを考えれば、相当の難事業だったはずだ。

ブドウの実を傷つけないように収穫したら、次は醸造だが、システマチックなワインづくりに求められる技術は、もっとも基本的なものでさえ容易ではなかっただろう。完熟した段階で、ワインを醗酵させたときのアルコール度数が最低でも8度か9度を上回るレベルの糖度に達するように、ヴィニフェラ種のブドウを丁寧に栽培しなくてはならない（アルコール度数がこれに達しないとワインがいたみやすくなる）。保存が効くおいしいワインをつくるには、さらに何段階かのレベルアップが必要だ。私たちの祖先は、ワインを酢に変える元凶が酸素だと知っていた。そこで酸素の影響を減らすための対策がいくつか取られた。たとえば土器の製造がはじまると、粘土か木の栓で封をして空気を遮断できるように、首の部分が細く胴体が膨らんだ土器をつくった。昔は、保存剤として、またワイン以外の嫌な味をごまかすために香りのよい樹脂を入れることもあった。

システマチックなブドウ栽培とワインづくりのプロセスのルーツを探す旅は、歴史の深い霧をはてしなくさかのぼる必要がある。ワインの起源をめぐる調査は継続中だ。しかしこれだけは言える。飲みものとして通用するようになるまで、栽培とその後の時間のかかる作業にこれほど神経を使う農産物はほかにない。ワインは別格だった――いまもそれは変わらない。こうした並ならぬ努力の成果は実際に高く評価された。神からの贈りものと言われたほどの、特別でユニークな飲みものの創造だったのだから。

●王、女王、ファラオの飲みもの

太古の昔から、この格別の飲みものは「聖なる飲みもの」とか「王の飲みもの」と言われてきた。たしかに、つくるのにこれほど手間と時間のかかる贅沢品を味わうことが許されたのは、社会の頂点に君臨する特権階級だけだった。これほど高貴な飲みものがうやうやしく取り扱われたのも――文明が産声をあげた直後からワインとワインを飲む文化が発達したのも不思議ではない。

ジョージア南部の墳墓で紀元前3000年前の銀メッキが施されたワインの容器が発見された。幸せな（たぶん）来世にワインを運んでいくためだろう（ワインのない天国なんてあるのか）。アッシリアの浅浮彫には、ブドウのアーチの下でワインの杯を傾ける王たちの姿が描かれている。シュメールのハムラビ法典には酒場に関する罰則がある。古大都市国家ウル［現在のイラク］のプアビ女王の玄室で見つかった埋葬品の中には、縦溝彫りの黄金のワインカップやゴブレットがあった。アナトリア［西アジアの一部。現在のトルコ］でも、ワインは人々の生活の中心だった。王家の慶事に用いられていた、見事な細工が施された杯や水差しや貯蔵容器から、洗練されたワイン文化があったことがわかる。紀元前1600年頃のものとされる、動物をかたどったヒッタイトの美しい銀の角杯［雄牛などの角でつくった杯］も見つかっている。

おそらくエジプトに野生ブドウは自生していなかったはずだが、古王国初期（紀元前3000年頃）にはワイン産業がさかんだったことがわかっている。古代エジプトの墓の壁画には、たわわに実ったブドウやブドウ棚が仕立てられたブドウ畑や、ワインづくりの詳細なイメージ（ブドウを素足で踏みつぶすようすからさまざまな形の土の壺に入れてワインを貯蔵するところまで）が描かれており、古代のワインづくりのプロセスを知ることができる。高貴な身分の人たちがワインの杯を空けている場面や喜びあふれる饗宴の場面など、人々がワインを楽しんでいるようすを描いた絵もある。ワインは歴史最古の時代から、王や貴族の饗宴や祝宴に登場していたらしい。

ファラオたちの墓には、ワインの壺がぎっしりと詰まった「ワインセラー」があった。永久に続

上左：玄武岩の水時計の断片。赤い冠をかぶり、雄牛の尾がついたキルト風スカートをまとい、ワインが入ったふたつの壺を捧げもつ、フィリッポス・アリダイオス［アレクサンドロス大王の異母兄］が描かれている。エジプト、紀元前320年頃。
上右：エジプトのワインの壺。第18王朝か第19王朝のもの。こういった壺にはヴィンテージのワインが入れられ、来世で飲んでもらうために墓に備えられた。
下：ワインは、王、戦士、支配層のための酒だった。イラン北部で発掘されたこのアッシリアの石膏の壁板には、ブドウのつたがからまる東屋で、宴に興じる王と女王の姿が刻まれている。女王は玉座に座り、王は長椅子にもたれている。地上の楽園のイメージだ。

上：エジプトの石碑。王（不詳）が、大地の神ゲブにワインを捧げている。紀元前31年。

下：古代エジプトではワインを飲む文化がかなり発達しており、ファラオの墓には、来世への旅のお供のためにワインの壺がずらりとおさめられていた。ワインに関連した工芸品も多数発掘されている。これもそのひとつで、ワインを飲むための穴あきストロー、もしくはワイン濾し器だろう。第18王朝のもの。

く幸福な来世に赴《おもむ》く旅の備えだったのだろう。ツタンカーメン［紀元前14世紀、エジプト第18代王朝の王］の墓から発掘された多くのあでやかな副葬品の中にはワインのアンフォラが26個あり、ラベルにはワインの作り手15人の名前と、産地と生産年が記されていた。これらの壺から、ワインがさまざまな生産地（シリア産のものもあった）と生産年のものであることがわかった。古代もいまと変わりなく、古いワインほど価値があると考えられていたらしい。人生最後の旅、そしてどこまで続くのか誰も知らない長い旅に出たファラオの渇きを癒やすために墓におさめられたワインは、もちろん最高級のワインだけだったはずだ。

◉ブドウ栽培の拡大

ブドウは生命力の強い植物なので、簡単に移植することができる。切り枝を地面に刺すだけで、根を下ろす。ブドウは、コーカサス山脈南麓、小アジア、メソポタミアの原産地から、レバント地方［地中海東岸地域］を経て地中海沿岸地域にすみやかに広まったようだ。地中海沿岸部は、気候条件も高低差に富む地形もヴィニフェラ種の栽培には理想的だったらしい。この地域は、日中は気温がかなり上昇し、夜は気温が下がる。気温の上昇によってブドウの実はしっかりと熟し、気温が下がると果実の酸味のバランスがよい、保存性の高いワインができる。地中海の平均雨量は、ブドウの実が大きく膨らむのにちょうどよい湿気を与えてくれた。

ブドウが中東全域にしっかりと根を下ろしていたのは間違いない。紀元前20世紀から10世紀にかけて、ティルスとシドンという都市（現在のレバノン）を拠点にしていたフェニキア人の貿易業者たちは、ブドウを運んで、北アフリカ、イタリア半島をまたぎ、ついにイベリア半島に到達した。スペイン、アンダルシア州の港湾都市カディスはフェニキア人の海上交易の前哨基地だった。世界の偉大な酒精強化ワインのひとつ、シェリーを現在生産しているブドウ畑を拓いたのは怖いもの知らずのフェニキアの船乗りたちだったのだろう。

近年、考古学的調査により、伝説の古代都市ペトラ（現在のヨルダン）で美しい壁画が発見され、この街を築いたナバテア人にとってワインがいかに重要であったかが明らかにされた。彼らはもともと遊牧民だったが、いつしか定住するようになり、ローマ帝国と隣接する中東全域に貿易網を築いた［ペトラは、紀元前1世紀頃から紀元1世紀頃にかけてナバテア人の有力都市として繁栄した］。近年あらたに見つかった壁画から、ペトラの周囲にブドウ畑やブドウをつぶすための用地があったこともわかっている。

さらに古い時代にギリシア本土とエーゲ海の島々に定住した人々は、のちに西洋文明の象徴となるブドウとオリーブというふたつの植物の栽培を積極的に行なった。ブドウからもオリーブからも簡単に輸送できる液体製品がつくれるが、これが海上交易の発達を促し、ひいてはさまざまな文化の交流や、植民地の拡大に伴う人々の移動にも役立った。ブドウは、現在のギリシア本土やエーゲ海の島々、イタリア半島やイベリア半島のギリシアの植民地、そして黒海沿岸部でもまたたくまに栽培されるようになり、それぞれの島が、そのワインで知られるようになった。とくに有名だったのが、いずれも地中海東部に位置するキオス島とレスボス島のワインだった。どの島のものかひと目でわかるアンフォラ（容量40リットルほどの素焼きの両手つきの壺）に入れて輸送されたこういったワインは、古代世界の経済貿易の基盤だった。

当時、イタリア半島南端とシチリア島の一帯はマグナ・グラエキア（大ギリシア）と呼ばれていた。現在でもこのあたりでは、アリアニコ種［南イタリアの黒ブドウ。名前の由来はギリシアを表わす「エレーニコ」と言われる］やグレコ種といった、ギリシアに起源があると思われる品種が栽培されている。ギリシア人によって拓かれたイタリアのブドウ畑のブドウは、古代世界で人気だった。イタリア半島のつま先部分にあたるカラブリア州にチロという村がある。いまは見る影もないが、かつては古代ギリシアのオリンピックの優勝者に伝統的に贈られる銘酒クレミッサ・ワインの産地だった。

ギリシア人たちがかつて入植していた土地や島では、ワイン輸送用のアンフォラ、美しい装飾が施されたワインの杯や混ぜ鉢、ブドウやワイン、神と人が一様にワインを飲んで楽しんでいるようすを描いたフリーズ［建築の壁面上部などに施した帯状の浮彫］など、そこが古代世界のワインの中心地であったことを証明する、おびただしい数の手工品や遺跡が発掘されている。

ワイン――上質の色の濃いワイン――は、ギリシア人の生活を特徴づけるもののひとつだった。それは、盲目の詩人ホメロスが「ワイン色の海」という枕詞を多用していることや、ワインを飲む行為が、日常の営みとしても神聖な儀式としても描かれていることから明らかだ。ホメロスの作とされる叙事詩『イリアス』でも『オデュッセイア』でも、ワインは重要な役割を果たしている。神々にはたえず銘酒が捧げられ、英雄アキレウスが天幕の中でむくれている間に、ギリシア軍の兵士たちはトロイの浜に留めた船の横で勝手気ままにワインを飲む。客人には歓迎のしるしとしてつねにワインがふるまわれ、名将たちはワインを飲みながら作戦を練る。

古代のワインとは、いったいどんなものだったのだろう? E・V・リュー訳『オデュッセイア』から、その片鱗を窺い知ることができる。

私は、ヤギの革に入った、黒々とした、芳醇なワインをもっていった。これは、エウアンテースの息子マローンから与えられたものである……この男は私に見事な贈りものをくれた。精錬した黄金7タラント。総銀の混ぜ鉢、芳醇な、生のままのワインを12個の壺に詰めてくれた。世にも美味なる酒だった。このワインのことは、従者も侍女も誰ひとりとして知らされていなかった。家中で知る者と言えば、マローン自身と、そのよき妻と侍女頭だけであった。この甘美な赤ワインを飲むとき、マローンは1杯を20杯の水で薄めた。すると混ぜ鉢から、この世のものとは思えぬ甘美な香りが立ち上がった。とても飲まずに我慢できるものではなかった。

マローンのワインは甘露の味がしたに違いない! たしかに、いまではワインをこんなに大量の水で薄める人はいないだろうが、こういった偉大なヴィンテージの、えもいわれぬ香りは十分想像がつく。

ワインは心を癒やすだけでなく、体を癒やすのにも役立った。医学の父と称されるヒポクラテスは、ワインが万病に効くと考え、どの病気にどのワインが効くかを処方し、熱が何度まで上がったらワインを飲むかまで決めていた。温めたワインに香りのよいスパイスやハチミツを混ぜた飲みものは、気がふさいだり体調がすぐれなかったりするとき、元気を回復したいときに現代人が飲んでいるマルドワイン［スパイス、柑橘類、砂糖を加えたホットワイン］やホット・トディ［蒸留酒に甘味料を足してお湯で割った飲みもの］の類と大差ないように思える。

古代ギリシア人が、ワインに何も混ぜずに飲むことはまれだった。ワインに混ぜ物をする儀式は重要で、おいしい一杯をつくるコツは古代ギリシアの社会で重宝された。ワインは水や海水で割り、香料、スパイス、ハーブやハチミツを足すこともあった。男たちが集会で酌み交わしたのはこういった酒だったのだろう。「シンポジウム」は、最初はたんに一緒に酒を飲むという意味の言葉だった。それがいつしか、男たちが火急の問題を話し合ったり、詩や哲学、医学や音楽、愛などのテーマを論じ合ったりする重要な集会を指すようになった。こういった会合の目玉はとにかくワインを飲むことで、続けて酒神ディオニュソスの儀式が行なわれた。

ディオニュソスを称える祭りは一年を通じて行なわれていた。祭儀では、聖なる酒を祝福してたらふく飲み、集団で踊り狂い、男根崇拝の儀式を行なった。こうした祝祭は、酔っぱらったり、放蕩に溺れたりするためのたんなる口実ではなかった。ディオニュソス崇拝は死と復活――一年の終わりの象徴、神の再来による春の訪れ、ブドウの踏みつぶし、新しいワインの味見――を中心にめ

イタリア、バジリカータ州メタポントにある古代ギリシアの神殿。地中海全域にブドウ栽培が広がったのは、ギリシア人の尽力によるところが大きい。イタリア半島南部の一部はマグナ・グラエキアと呼ばれていた。こんにちも栽培されているブドウ品種は、古代ギリシアに起源をさかのぼることができる。

赤絵式の萼［がく。花のもっとも外側の部分］型クラテール［ワインを水で割るために用いられた大型の壺］。勝利の女神ニケが、海の神ポセイドンがもっている皿に、手向けのワインを注いでいる。紀元前480 ～ 460年頃。

古代ギリシア人にとって、ワインを飲むことはディオニュソスの儀式の一環だった。エッチングはオランダのヤン・デ・ヒスホップ（1671 ～ 1689）の作品。右手にワインの杯、左手にブドウの房をもち、左の腕をサテュロス［ディオニュソスに従う半人半獣の精霊］の肩に回している。サテュロスの股の間からヒョウが顔をのぞかせている。

ぐっていた。

はじまりから神と結びつけられていたワインは、たんに飲んで終わりの農産物ではなくなっていた。神からのたんなる贈りものでさえなかった。人間と神を結びつける、ひょっとすると人間を神にさらに近づける力さえ秘めた聖なる美酒だった。

◉エノトリア――ワインの地

ギリシア人は、シチリア島とイタリアのつま先にあたる地域をエノトリア、すなわち「ワインの地」と呼んだ。ギリシア人がやって来る前ですらすでに、エトルリア人――いまだにその文明の全容はあきらかにされていない――がエトルリア全域（現在のトスカーナ州、ウンブリア州、ラツィオ州にあたるイタリア中部）で洗練された高度なブドウ栽培を行なっていた。彼らは、ブドウをほかの農作物と一緒に栽培した。ブドウのつるを木などの植物にからませる方法は、おそらくエトルリア人がはじめたものだろう（現在でも、トスカーナ州の一部地域で実践されている）。

ワインづくりの技術もしっかりと確立されていた。小高い丘の上にあるウォルシニ（おそらく現在のオルヴィエート［イタリア中部の要塞都市］）などのエトルリアの都市で発見された遺構が、古代のワイン生産者の技術力の高さと創意工夫の才能を実証している。たとえば、やわらかい火山性白亜を機械を使わずに掘った三層式の複雑な室《むろ》である。丘の麓《ふもと》のブドウ畑から街の頂《いただき》に運んで破砕・圧搾したブドウの果汁は、地中の石の溝を重力に従って伝い、素焼きの巨大な醗酵用容器に流れ込む仕組みになっていた。果汁は、ほぼ理想的な涼しい室の中で醱酵してワインになった。こうやってつくられたワインは、おそらく、香りがよくてみずみずしくて、ほのかな甘さの余韻まで感じさせるものだったろう。醱酵が完了すると、ワインはふたたび重力に従って地下深くの清潔な貯蔵用容器に移された。そこではワインを長期間寝かせて熟成させることができた。

エトルリア人は、高度な商業文明と農耕文明を誇っていた。ワインが彼らの文化の中心にあったことは間違いない。ワインは地元で消費されるだけでなく、貴重な交易品でもあった。ワインがエトルリア人の生活に深く根を下ろしていたことは、考古学者たちによって発掘されたさまざまな種類の陶器からも明らかだ。その一例が、美しい装飾が施されたブッケロ式のワイン杯や混ぜ鉢だ（ブッケロ式陶器はエトルリアに独特の個性的な黒色陶器）。とくにイタリア中部各地の墓所で見つかった見事な儀式用の手工品は、エトルリア文明がいかに洗練されていたかを、生と死という日常の枠組みの中でワインがいかに重要な役割を果たしていたかをはっきりと示している。

紀元前3世紀頃、ローマ人がエトルリア人を破り、ウォルシニをはじめとするエトルリア連合の都市を支配するようになった。よき征服者の例に漏れず、ローマ人も被征服民から学習した。たとえば、ローマ人はウォルシニを占領してあらたにウルブス・ウェトゥス［「古い町」という意味］という町を興したが、エトルリア人のワインづくりの方法を受け継いで、何世紀も前から続くワインセラーをそっくりそのまま利用した。ローマ人の監督下でつくられたワインは、パリアヌムという河港《かこう》を経由して輸送された（パリアヌムではたくさんのアンフォラが見つかっている）。

エトルリアのブッケロ式のワイン杯。紀元前620 ～ 580年頃。壊れやすい複雑なつくりであることから、この美しい盃は特別な行事あるいは神聖な儀式にのみ用いられたのだろう。

紀元前2世紀頃、ブドウの栽培はローマの重要な農業活動のひとつとなっていた。ワインづくりは利益の大きい仕事だった。イタリア各地でつくられたワインが首都ローマに流れ込み、より上等なものを味わうことに目がない富裕層の喉の渇きを癒やした。ブドウを醱酵させた日常の飲みものに庶民も舌鼓をうっただろう。しかし、最高のワインには、高貴な舌と贅沢を味わえるだけの金をもつ上流階級向けに高い値段と目印がついていた。生産地と品質の切っても切れない関係をいちはやく確立し、ヨーロッパのブドウ栽培をいまも特徴づけるテロワールという包括的な概念をつくりあげたのは、ほかでもないローマ人だった。おいしいワインには、ファレルヌム、スレンティヌム（どちらもカンパニア州の村）、アルバヌム（ローマ南東にあるアルバノ山地の村）、プラエトゥティウム（アドリア海沿岸の村）、ラエティクム（ヴェローナ北部の丘陵地帯）といった具合に醸造地の名前がそのままつけられた。ここに挙げたのは、古代ローマの「グラン・クリュ」の一部である。これらは目玉が飛び出すような値がつけられた貴重な商品だった。

ポンペイの酒屋（200以上の店が発掘されている）の壁に描かれた価格表から、当時のワインの序列がどんなものだったかがおぼろげにわかる。

1アスでワインが飲める。
2アスで最高のワインが飲める。
4アス出せばファレルヌムが飲める。

ローマ時代、すでにワインは特別なときの飲みものというだけではなかった。貴族も平民も、みな同じようにワインを飲んでいた。ポンペイの遺跡は、道端の居酒屋が現代のバーと大差なかったことを明らかにした。

農業の専門家によるシステマチックなブドウ栽培は、ローマ経済を支える柱のひとつだった。ルキウス・コルメラ〔紀元1世紀中頃。ローマ帝国の農学者〕の農業論『農業について』（全12巻）にはローマの農業活動がほぼすべて網羅されており、ブドウ栽培に関する記述もある。これほど古い時代に書かれたものでありながら、ブドウ畑に適した用地、ブドウの品種の選定、ブドウを植える配置や区画、ブドウをからませるのに適した植物、さらにブドウ畑で実際に作業をする奴隷の管理方法まで論じられている。

ローマ人にとって、ワインは文化と文明の心臓にも等しかった。貧富に関わりなく、ワインは日常生活の中心だった。ローマは階級社会だったので、ワインにも、古代世界のグラン・クリュ級のブドウ畑でつくられたヴィンテージから、下層階級の口にしか合わない水っぽいワインまで大きな格差があったのも無理はない。ローマ人も、ギリシア人のようにワインに水や海水を混ぜて飲んでいた。煮詰めたブドウの果汁やハチミツ、ハーブやスパイスを混ぜることも多かった。

4半世紀かそれ以上時間をかけて熟成させたヴィンテージは酸化していただろう。こうしたワインは酸素の働きによって黄金色になり、その後で深い赤褐色になる。ただしアルコールが十分含まれていれば、ワインはいたまない。ローマ時代の文献によると、こうした稀少な年代物のワインには破格の値がつけられたらしい。最高級のヴィンテージは100年後でも美味であったという。

ローマ人も甘いワインが好きだった。煮詰めたブドウの果汁やハチミツをワインに入れる習慣があったのもそのためだろう。こうした甘いデザート・ワインをつくる方法がもうひとつある。収穫したブドウを天日に干して、干しブドウのようになるまで乾燥させる。セミドライのブドウには糖がたっぷり含まれているので、圧搾して醱酵させる際に酵母が糖をすべてアルコールに変えることができないため、濃厚な甘いワインになる。

ローマ帝国が版図を拡大するにつれ、ブドウも、西ローマ帝国領内のさまざまな地域に運ばれて、植えられるようになった。そこでつくられたワインはレギオン［古代ローマの軍団］の兵士たちの渇きを癒やすだけでなく、ローマ人以外の被征服民にもふるまわれた。ローマ文明の贈りものである。ブルゴーニュを経由して北ヨーロッパに向かうローヌ川沿いの地域、ドイツのライン川やモーゼル川沿いの渓谷地帯、イベリア半島に続く地中海沿岸地帯、コンスタンティノープル［現在のイスタンブール］および東ローマ帝国に通じるパンノニア平原［現在のハンガリー、クロアチア、セルビアなどにまたがる一帯」、イリュリクム［現在のバルカン半島アドリア海沿岸地方」のダルマチア海岸からギリシアまで――こういったローマ帝国の供給・交易ルート沿いにブドウ畑が拓かれた。ブルディガラ（現在のボルドー）は、ブリタニア［イギリスのグレートブリテン島、とくにその南部地方の古代ローマ時代の呼称」やバルト諸国とのワイン貿易の拠点となる海港《かいこう》だった。そしてもちろんブドウは海峡を越えて、ブリタニアにあったローマの属州にも植えられた。

ローマの属州でつくられたワインは、ほどなくローマに向かって逆流をはじめる。ヨーロッパの偉大なブドウ畑は大地にその根をしっかりと下ろそうとしていた。

第3章◉ヨーロッパのワイン

最初にメソポタミア地方に根を下ろしてから、ヴィティス・ヴィニフェラ種は長い歳月をかけて小アジアを抜け、東地中海へ着々と匍匐前進《ほふくぜんしん》し、ギリシアの島々とイタリア半島にすみやかに広がり、ついに西ヨーロッパのほぼ全域に生い茂るようになった。こうして地球上のほかのどの場所でもなく、北緯30度から50度にまたがるこの温帯地域にブドウはしっかりと根を張り、ブドウに最適の肥沃な土地はもちろん、ときに生き延びるだけで精一杯の過酷な土地でもすくすくと育った。

イタリア、イベリア半島、フランス、ドイツ、そして中央ヨーロッパの全域では、ブドウ畑が数千年前から——遅くとも数百年前から——耕され、世界でもっとも偉大なワインを伝統的に生産してきた。こんにちでも、ヨーロッパのワインは、世界のほかの地域のワインを評価する指標の役割を果たしている。

◉西ヨーロッパにおけるワイン栽培の起源

ローマ人の影響は、ガリア・キサルピナ［アルプス山脈以南の北イタリアに該当する地域］、そしてガリア・ナルボネンシス［現在の南フランス、ラングドック地方、プロヴァンス地方に該当する地域］を越えてイベリア半島のタラコネンシス、バエティカ、ルシタニアにまで達した。ワイン用ブドウの栽培も同様に広がっていったようだ。ローマ帝国の植民地に散らばった軍団兵士の喉の渇きを癒やすにはワインが必要だったので、ローマやローマ近郊の属州からのワインの輸送は最優先課題だった。ワインやその他の必要物資をローマから送る交易ルートには、ローヌ渓谷を北上してフランス中部を通ってドイツに至るルートや、地中海沿岸沿いにスペインに向かう西向きのルート、フランス南西部を通ってブルディガラ（ボルドー）に到達するルートがあった。ワインはブルディガラからブリタニアやスコットランドの低地地方にも船で運ばれた。

ガリア地方［古代にケルト人が住んでいた西ヨーロッパの地域。現在のフランスやドイツの一部などを含む］の多くの地域は、ローマ文明が提供するすばらしい恩恵の前に早々に白旗を掲げた。いちはやく取り入れられたのがワインの生産だった。地中海の気候はブドウに理想的だったので、あらたなローマの属州にブドウはまたたく間に移植され、まもなくワインの生産もはじまり、地元で消費されたり、ローマにも送られるようになったため、ローマでは地元のワインの価格が下がった。ブドウがすくすくと育ったのは、ブドウ栽培に最適の土地ばかりではなかった。意外に思われるかもしれないが、ブドウはもっと北の気候にも適応することができた。シャンパーニュ地方のような寒冷な北国や、モーゼル川やライン川の切り立った川岸、バレダオスタ州や南チロル（どちらも現在はイタリアに帰属）のような高山地域――こういった生存がやっとの土地にもブドウは根付いて、最高においしいワインの原料となった。

ワインがふたつ返事で受け入れられたからといって、ローマ人がつねに歓迎されていたわけではない。蛮族《ばんぞく》［おもにゲルマン人］は北から執拗に侵入を繰り返し、ついにその目的は果たされてヨーロッパは暗黒時代に突入したが、ブドウの栽培とワインづくりは続けられた。とくに教会がこれを庇護した。ローマ滅亡前、コンスタンティヌス1世［272～337］が、初のキリスト教徒ローマ皇帝となった。そして496年、メロヴィング朝フランク王国のクローヴィス1世［466～511］がキリスト教アタナシウス派［のちのカトリック］に改宗してランスの聖堂で洗礼を受け、同じ宗派のローマ人が多くいたガリアでの地位を確立すると、その後のフランス各地の王たちもぞくぞくとカトリックに改宗するようになった。

キリスト教は言うまでもなくワインの生産を奨励した。聖体拝礼の儀式にはワインが毎日必要だったからだ。さらに、新鮮できれいな水がいつでも飲めるとはかぎらないことが当たり前だった時代には、ワインは聖職者や金持ちや貴族だけでなく、庶民にとってもいわば生活必需品だった。こうして、いわゆる暗黒時代（ヨーロッパに強力な統一国家が存在しなかったおよそ400年間）でさえ、ワイン醸造学やブドウ栽培やワインづくりの技術が廃《すた》れることはなかった。神も法もないごろつきの部族たちが大陸を席巻していた混沌《こんとん》の時代にも、ブドウ栽培とワインづくりの研究と改良は続けられた。

ヨーロッパ各地のキリスト教修道院で、ブドウ栽培とワインづくりは大きく前進した。修道院の生活の中心にあったのは祈りとつとめである。ベネディクト会の戒律が定めた禁欲的な献立には毎日のワインも入っていたため、日用の飲みものであり、聖体拝領の儀式にも欠かせないワインの原料となるブドウの栽培は、修道院のきわめて重要な仕事だった。修道院が広大な敷地を獲得したのは不思議でも何でもない。その多くは、天国でなるべくよい席に座りたいと願う裕福な寄進者たちによって遺贈されたものだろう。

中世が幕を開ける頃、ベネディクト会はすでにブルゴーニュ地方全域にまたがる広大なブドウ畑を所有していた。とくに有名なのがジュヴレ＝シャンベルタン村とヴォーヌ＝ロマネ村のブドウ畑である。一方シトー会［ベネディクト会から派生した厳格な修道会］は、おそらく世界でもっとも有名な石塀に囲まれたブドウ畑、伝説的なクロ・ド・ヴージョを拓いた。シャンパーニュ地方に広大な土地をもっていたのはクレルヴォー大修道院だった。ドイツのシュロス・ヨハニスベルクにもクロスター・エバーバッハにも、もとをたどれば、修道院にさかのぼる華麗な歴史がある。ワインを生産する修道院はスペイン全土にも広がり、とくに中世世界のもっとも重要な巡礼路だったカミーノ・デ・サンティアゴ［サンティアゴの道］沿いに集中した。近年、イタリアのワイン醸造家が中世の十分の一税を調査したところ、教会からワインをおさめるように指定されていたブドウ畑があ

カルロ・ドルチ［17世紀中頃、フィレンツェで活躍した宗教画家。1840～1900年］の「キリストと聖体」を模した多色石板画。キリスト教の時代になると、聖体拝礼の儀式を通じて、ワインにあらたな特別な意味と意義が与えられた。この秘跡を毎日行なうにはワインが欠かせなかったので、ブドウ栽培が暗黒時代を生き延びるうえで、キリスト教は大きな役割を果たしたと考えられる。

ワインはかつて神聖なものとされ、一時期は特権階級しか飲むことができなかったが、しだいに社会のあらゆる階層の人々に飲まれ、楽しまれる飲みものになった。中世以降、安全な水の供給が危ぶまれることが多かった時代には、ワインのほうが断然体によいと考えられていた。オランダのメゾチント版［銅版画の一種］。ニコラス・ファン・ハフテン（1678 ～ 1715）の作品。

きらかになった。教会は最良のワインができるのはどの畑かを知っていて、そのワインだけを手に入れようとしていたらしい。いまも、敬虔な修道士たちだけでブドウを栽培し、ワインをつくっている修道院がある。そしてもちろん、修道士と宣教師たちが新世界へブドウを運んでいったのだった。

知識と学問の宝庫であった修道院は、ブドウ栽培の研究を多角的に勤勉に行なうことを奨励した。最良のワインをつくることは、神の栄光を称える方法のひとつと考えられていた（現世の欲望を満たす手段でもあった）。修道士たちはワインづくりの技術を向上させた。貯蔵室には太い角材を利用した圧搾機が備え付けられ、ワインの入った大樽がびっしりと積まれるようになった。中世の修道院の貯蔵室は、当時世界最先端の貯蔵室だった。ワインは、修道院のビジネスでもあった。そして発達した供給網のおかげで、修道院の中だけでなく、修道院の壁の外にいる舌の肥えた聖職者たちもこうしたワインを味わうことができた。

こういったたゆみない修道士たちの労働が万人のためのものであったことを実証しているのが、17世紀のベネディクト会修道士ドン・ピエール・ペリニョンだ。ペリニョンは、シャンパーニュ地方にあるオーヴィレール修道院の貯蔵室で、地元ワインの改良に熱心に取り組んだ。ペリニョンは、ブドウ畑と貯蔵室の両方にまたがる研究でワインの世界に大きく貢献した（ブドウ畑ではブドウの品質改良に取り組み、貯蔵室では調和の取れたキュベ［ブレンドされたワイン］をつくるために、シャンパーニュ地方全土から取り寄せたワインを調合した）。こうした綿密な研究は敬虔な修道士のライフワークだった。ペリニョンの人生は、こんにち私たちがワインから得ている楽しみに、教会が果たした貢献の縮図である。
ヨーロッパの偉大なブドウ畑では、戦乱の時代にも豊饒の時代にもブドウの苗木が植えられ、育《はぐく》まれ、手入れされてきた。こんにち私たちは、先人のひとかたならぬ労働の果実を口にして、味わうことができる。ヨーロッパのワイン醸造学草創期の遺産は、ローマ誕生以前からこんにちまで脈々と受け継がれている。

◉フランス——すべてのお手本

昔からフランスは、世界でもっとも偉大なワイン生産国と考えられてきた。ローマ人によって最初に拓かれ、修道士たちによって育まれ、数百年前に商人企業家たちによって商業用に開発されたブドウ畑は、いまなおあらゆる水準に照らしても、他のすべてのワインを評価する指標となるワインを生産している。

ボルドー——この街は、ローマの海港としてブルディガラと呼ばれていた時代からワイン貿易の中心だった。いまも多くの人が、ボルドーこそ世界屈指のワインの生産地だと言う。帝政末期のローマの詩人でブルディガラ出身のアウソニウス［310～393頃］は、ブドウが生い茂る故郷について書き残している。暗黒時代、ドルドーニュ川［ガロンヌ川と合流してジロンド川になる］とガロンヌ川沿いのブライ地区、ブール地区、グラーヴ地区などでワインの生産がさかんに行なわれるようになった。1152年、エレオノール・ダキテーヌ［1122～1204。ボルドーを擁するフラ

ボルドー、メドック地区のシャトー・マルゴーのような、有名で歴史のある畑は、世界でもっとも高級で、人気のあるワインを生産している。

ンス南西部アキテーヌ出身の女公」が、のちのイングランド国王ヘンリー2世と結婚したことがきっかけでボルドー産のワインが市場に広く出回るようになった。ボルドーの生産者には数多くの特権が与えられ、ボルドー産のワインはほどなくロンドンに流れ込むようになった。イギリス人とその想い人クラレット（ボルドー産赤ワインの英語名）のいまに続くロマンスのはじまりである。

ボルドーは、いまも昔も、カベルネ・ソーヴィニョン、カベルネ・フラン、メルローを主体とする赤ワインの産地として知られる。ボルドーのワインは、世界中で栽培されている、同じカベルネ・ソーヴィニョン。カベルネ・フラン、メルローを原料とする大量のバライエタル・ワイン［単一ブドウ品種のワイン］のお手本だ。だが、多くの人に言わせれば、ボルドー産のワインは別格だ。マルゴー、ラフィット・ロートシルト、ラトゥール、ムートン・ロートシルト、オー・ブリオンといったプルミエ・クリュ（特級）に格付けされている、いわゆる五大シャトーのワインは、つねに先物買い《アン・プリムール》で価格が設定される。つまり、瓶に詰められブドウ畑から出荷される前に価格が――それも例外なく世界でもっとも高い価格が――つけられている。こうした名門の高級品以外にも、サンテミリオンのように独自の格付けを行なっている村や、ポムロールのワインのように、格付けされていないが通の間で引っ張りだこのワインがたくさんある（たとえばシャトー・ペトリュスは格付けされていないが、世界でもっとも人気が高いワインのひとつで高額でもある）。

ボルドーは、世界でもっとも偉大でもっとも高価なワインを生産しているだけでなく、あらゆるスタイルとあらゆる品質にまたがるワインを幅広く豊富に提供しているという意味でも、世界随一と言えよう。ボルドーの白ワインはセミヨンとソーヴィニョン・ブランが主体で質はとても高い。とくにすばらしいのはグラーヴ地区のものだが、アントル・ドゥー・メールやその他の地区でも手頃な価格帯のワインがたくさんつくられている。

一方、ソーテルヌやバルサックのような小規模なワインの産地では、印象的な、甘い白のデザート・ワインが生産されている。これは、ボトリチス・シネレア（貴腐）という菌を付着させた、セミヨン、ソーヴィニョン・ブラン、ミュスカデルというブドウ品種からつくられる。菌が繁殖するとブドウの糖分と香りが自然に凝縮されて、濃厚で蜜のように甘い、びっくりするような不思議な飲みものになる。もっとも有名な生産者はシャトー・ディケム。デザート・ワインは遅くとも18世紀には生産がはじまっていた。

カベルネ・ソーヴィニョンとメルローはフランス全域で栽培されている。ラングドック地方とプロヴァンス地方をはじめ多くの地域で、すばらしいワインがつくられている。しかし、フランスでボルドーほどレベルの高いワインを生産している地域はほかにない。実際、何世紀にもわたる試行錯誤の結果、特定の地方の特定のブドウ品種からとくにおいしいワインがつくられるようになり、それがその地方の代表的なワインとして認知されるようになっていった経緯は、フランスのブドウ栽培の発展を考える上でとくに興味深い点である。

フランス東部に位置するブルゴーニュ地方は、ボルドーと並ぶ偉大なワインの醸造地だ。そのワインの歴史には長い前奏がある。紀元前51年にローマ人がガリアを征服する前ですらすでに、古代ケルト人がここでブドウを栽培していた可能性があるという。ローマ帝国滅亡後はメロヴィング朝の王たちが代々ブドウ畑を保護したために、ブルゴーニュ産のワインは高く評価された。

6世紀頃から、ブルゴーニュには大小さまざまな規模の修道院が創設されはじめた。それから数百年の間にこうした修道院は肥沃な土地を広く獲得し、ワインの醸造施設や貯蔵室を建設していった。多くの修道会では肉体労働が日課に組み込まれており、文字通り身を粉にして働くことが魂の旅の一環と考えられていた。こうして、クリュニーのベネディクト会修道士や、シトー(現在のニュイ＝サン＝ジョルジュ近郊)に本拠地を置くシトー会修道士らによって、システマチックなブドウ栽培とワインづくりが実践されるようになった。クロ・ド・ヴージョ、ラ・ロマネ、ラ・ターシュなど、ブルゴーニュの名だたるブドウ畑はもとをたどればすべて修道院が起源である。ところでブルゴーニュの偉大な白ワイン、コルトン・シャルルマーニュは、フランク王国のカール大帝（シャルルマーニュ）［742～814］を記念するワインだ。775年、王がソーリューの大修道院に寄進した畑のブドウを原料とすることに由来する。

ブルゴーニュは白ワインもすばらしいが、ボルドーと並んで他とは一線を画す赤ワインの醸造地でもある。カベルネとメルローがボルドーの偉大な赤ブドウ種だとすれば、ブルゴーニュに君臨するのはピノ・ノワールだ。細々と生産されているガメイを除けば、ブルゴーニュでは、ピノ・ノワール以外の赤ブドウ種は栽培されていない。なぜか？　名だたるコート＝ドールのブドウ畑で、その畑の個性を最高に表現できるブドウ品種はピノ・ノワール、と何世紀も前から認められているからだ。実際、「テロワール」という考え方と、ある地域や畑に独自のワインをつくろうとする気持ちが非常に強いので、ピノ・ノワール以外のブドウを植えると考えることさえ馬鹿げたことだと思えるのだろう。

こうした信念があるから、これぞブルゴーニュとでも言うべきワイン――官能的で絹のような舌触りの、ほぼ100パーセントピノ・ノワールの赤ワインと、濃醇な（樽熟成させているものもある）シャルドネの白ワイン――を提供しつづけることが可能なのだろう。

ピノ・ノワールは気難しくて、栽培が難しいブドウ種として知られているが、しっかりと完熟し

石の塀に囲まれたブルゴーニュの有名なクロ・ド・ヴージョ。その起源は修道会である。

た実からは、驚くほどおいしいワインができる。ブルゴーニュほどテロワールをずばりと体現している場所はない。ここではある畑のワインの性格が、隣接する畑で栽培された同じブドウ種のワインとまったく違うことがある。だから、こうした畑ごとの違いを正しく表現するために、過去のデータに照らして土地をより細かい呼称に厳密に分類するようになってきている。つまり、地方を表わすブルゴーニュＡＯＣから、品質の向上や個性を表示する一層厳密な呼称へと移行しつつある。

こういった制度では、ブドウの品種をラベルに表示する必要はまったくない。ブルゴーニュの、もっともブルゴーニュらしい伝統的な畑でつくられた赤ワインはすべてピノ・ノワールと決まっており、それ以外はありえないからだ。同様に、ブルゴーニュの白ワインは例外なくシャルドネなのだから、これもラベルに表記する必要はまったくない（ブルゴーニュ産の白ワインのラベルにシャルドネと書かれているのは、品種名の由来となった「シャルドネ」村でつくられたものだけだ）。

ブルゴーニュには、最高級の赤ワイン同様、もっとも高級な白ワインの中にも、プルミエ・クリュやグラン・クリュといった格付け以外に厳密な呼称をもつものがある。ムルソーやピュリニー・モンラッシェといった村のワインも人気だが、モンラッシェのように単一畑で産されるグラン・クリュは、白ワインの頂点に君臨するワインだと多くの人が考えている。コート＝ドールの県都ディジョンの北に位置する離れ小島のようなシャブリもブルゴーニュワインの醸造地で、シャルドネのワインが有名だ。ここにも、プルミエ・クリュとグラン・クリュの中に独自の厳格な格付けがある。

ピノ・ノワールとシャルドネはブルゴーニュに君臨し、世界のワインの手本と称賛されている（模倣されてもいる）赤ワインと白ワインの原料だが、このピノ・ノワールとシャルドネは、はるか北のシャンパーニュ地方のなだらかな白亜の丘にもしっかりと根を下ろし、いまも世界最高峰のスパークリング・ワインと考えられている飲みものになっている。

４９６年にフランク王国の国王クローヴィス１世に洗礼をほどこしたランスの司教聖レミ［４３７頃～５３３］の時代から、シャンパーニュ地方にブドウ畑があったのは間違いない。当時からすでにワインは、広々とした地下の白亜坑で保存されていたらしい（白亜坑は、ローマ人によって掘り出された坑道で、そのやわらかい白亜層がブドウを育んでもいる）。しかし、私たちがこんにち知るスパークリング・ワイン、シャンパンがつくられるようになったのは比較的最近だ。言うまでもなく、シャンパーニュ地方はかなり北に位置するので、地中深くの涼しい白亜の洞穴で貯蔵されている間に醱酵が止まって、ワインが地上に運び出されたり、春が来て気温が上昇したりしたときに醱酵が再開して副産物として炭素ガス（泡）ができたことはあったかもしれない。だが、ガスの圧力に耐えられるほど頑丈な瓶が発明されるまで、この泡をつかまえておくことは不可能だった。

さて、このほかの類を見ない完璧なワインはどうやって生まれたのだろうか。それを知るために、もういちど修道院に目を向けてみよう。というのも、スパークリング・ワインをシステマチックかつ安全につくる方法を完成させたのは、オーヴィレール大修道院のドン・ピエール・ペリニョンと仲間の修道士たちだからだ。瓶にコルクで栓をして紐で縛れば、瓶内２次醱酵の結果生じた炭素ガスをワインの中に閉じ込めることができた。「みんな早く来てくれ！　ぼくはいま星を飲んでい

世界一有名なスパークリング・ワイン、シャンパンの開発に大きく貢献したのが、盲目の酒庫番ドン・ペリニョンだ。瓶内2次醱酵によって、スパークリング・ワインの製法を完成させた。ペリニョンの彫像は、モエ・エ・シャンドン社の有名な貯蔵蔵の入り口にある。

る！」と、盲目の酒庫番は叫んだそうな。

シャンパンは、シャンパーニュ地方でしかつくることができない。「シャンパン」を名乗ることが許されるのはシャンパーニュ地方産のワインだけであり、逆にその呼称が、そのワインがシャンパーニュ産で独自の製法によってつくられていることを保証する。もちろんシャンパーニュ以外の地でも、ピノ・ノワールやシャルドネを植え、原酒を注意深くブレンドし、瓶の中で2次醱酵させて、シャンパンに負けないスパークリング・ワインをつくろうとしている。だが、シャンパンは別格である。ブドウ栽培北限の土壌には白亜質が多く含まれていて、ブドウの木が地下水流まで深く根を伸ばしていること。ひんやりとした白亜の地下貯蔵庫があること。文字通り数世紀にわたってブドウ種選別の知識が培われていること。幾多のブドウ畑から集められる原酒（中にはヴィンテージもある）のアッサンブラージュ（ブレンド）、ワインづくりと熟成の技術。「特別な日に飲むべきワイン」というブランド戦略。こういった特性が組み合わされているのだから。

ローヌ渓谷は古代から続く天然の交易路であり、何千年も前から人が定住していた。紀元前600年頃、フォカイア人［小アジアのギリシア人］がマッサリア（マルセイユ）を建設し、ブドウを運んできて北との交易拠点を築いた。ギリシア人の後には、ローマ人が来て、見て、勝って、古代文明の巨大な遺構――オランジュの円形劇場や凱旋門、ヴェゾン＝ラ＝ロメーヌの貴族の別荘、ヴィエンヌの神殿など――を残して去った。ローヌのワインは、プリニウス［23～79。古代ローマの博物学者］やマルティアリス［43～104。古代ローマの風刺詩人］ら、古代の文人たちにも絶賛された。

ローマ人が去り、暗黒時代に突入してからは教会がブドウ栽培を継承した。それからだいぶ時代が下って、1309年にローマ教皇の座がアヴィニョンに移されてシャトーヌフ＝デュ＝パプが教皇の別荘になると、南部ローヌのワインは教皇にますます手厚く保護されるようになった。

ローヌ河畔のワインはいまも逸品ぞろいだ。南部ローヌの代表的な産地は、シャトーヌフ＝デュ＝パプ、ジゴンダス、ヴァケラス、サブレ、ラストー。赤ワインも白ワインも、これらのブドウ畑で採れるさまざまなブドウ品種を異なる割合でブレンドする。良質で印象的なロゼの産地はタヴェルとリラック。一方、北部ローヌは、日光を遮るものが何もないエルミタージュの丘や、コルナス、サン・ジョゼフ、かなり北に位置するコート・ロティ（ヴィエンヌの真南）の「焼け焦げた斜面」で栽培されているシラー主体のパワフルなワインの産地だ。北部ローヌは、驚くほど長期熟成が可能な、味がぎゅっと濃縮された夢のような白ワインの産地でもある。代表的なものがエルミタージュ（マルサンヌ種とルーサンヌ種の両種を用いる）と、コンドリュー（生産量はわずかだが、華やかな香りが特徴的なヴィオニエ種を原料としている。ヴィオニエ種は幅広い性格のブドウ種で、ここ数十年の間に世界中で栽培されるようになった）の白ワインだ。

ワインはテロワールの産物だ。そしてテロワールと同じくらい、歴史に影響されることもある。たとえばアルザスを考えてみよう。アルザスは、フランスとドイツの間を何度も行ったり来たりしてきた。第一次世界大戦終結以後はフランス領とされているが、いまもライン川とヴォージュ山脈の間で宙ぶらりん状態になっているように思える。料理は、フランスとドイツ両方の要素が組み合わさっている。絵のように美しい木骨造《もっこうぞう》［木材による梁で骨組みをつくり、その間に漆喰や煉瓦で壁体をつくる建築構造］の家屋はドイツ風だ。フランス語でもドイツ語でもない独自の言語をもつ。そしてアルザスのワインは、ドイツのブドウ種を伝統的なフランス式の方法で醸造している。アルザスのリースリングは、端正で香りがよく、それでいて芯がある超辛口ワインだ。アルザスのワインに刺激を受けて、オーストラリアやカリフォルニアやニュージーランドの醸造家たちも、香りのよさとしっかりした骨格を兼ね備えた、シャープな辛口のワインをつくろうとしている。

その他の地域、たとえばロワール川上流域のブドウ畑——とくにサンセールやプイィ＝シュル＝ロワール周辺——で栽培されているソーヴィニヨン・ブランからは、上質で香りのよいワインがつくられており、ニュージーランドや南アフリカやカリフォルニアなどのソーヴィニヨンのワインにいい刺激を与えている。先ほど紹介した北部ローヌのパワフルで重厚なシラーベースのワインも、世界的大ヒットとなったオーストラリアのシラーの手本と言えるだろう。さて、正真正銘の「新しい」ワイン、ボジョレー・ヌーヴォーは、ブドウを房ごと醱酵させるという独自の製法でつくられるため、収穫からわずか数週間で、ごくごく飲めるフルーティなワインになる。そして、ソーテルヌ、バルサック、モンバジャック、ロワール渓谷の、貴腐ブドウからつくられる凝縮された蜜のように甘いデザート・ワインは、世界中のもっとも偉大なワインの中でも指折りの手本となるべきデザート・ワインだ（もっとも高価でもある）。

典型的なアルザスのヴィンステュブ［ビストロ］には、フランスのワイン文化とドイツのワイン文化がミックスされている。ワインは、リースリングやゲヴュルツトラミネールのようなドイツのブドウ品種からつくられ、伝統的なフランスの方法で醸造される。

フランスは、たとえ格付けされていなくても、出来がよくて、興味をそそる個性的なワインの宝庫である。サヴォワの、軽い口あたりの「山のワイン」、ラングドックやプロヴァンスの、濃厚だが比較的リーズナブルなワイン、バニュルスやルションの、重厚感あふれるヴァン・ドゥー・ナチュレル［ブランデーを足して醱酵を止め、甘さを残した酒精強化ワイン］など。ヴァン・ド・ペイ（地酒）はフランス中で生産されており、こうしたワインをブランド名やブドウの品種名を前面に出して販売しようとする傾向が強くなってきている。伝統的なフランスのテロワール主義に背を向ける流れである。

この先何が起きようと、フランスは今後もずっと世界最大のワイン生産国として認知され続けるだろう。フランス以外にいったいどこの国が、世界のワインの手本となるべき極上のワインと、あらゆるレベルにまたがる手頃なワインの両方を提供できるというのか。

●イベリア半島

紀元前12世紀頃、フェニキア人が、イベリア半島南西部に地中海交易の拠点となる都市（現在のカディス）を建設し、ブドウを運んできたという。おそらくそのブドウの木が根を下ろして、世にも高貴な酒精強化ワイン［醱酵途中でブランデーなどアルコール度数の強い酒を添加してアルコール度数を高めたワイン］のひとつ、シェリーをいまも生産するブドウ畑になったのだろう。怖いもの知らずのフェニキアの船乗りたちは、イベリア半島をさらに探検して、おそらくタホ川やドウロ川、そしてはるか内陸のエブロ川をさかのぼってリオハ［イベリア半島北部。現在スペインを代表するワインの産地］へもブドウを運んでいったのだろう。

ローマ人はイベリア半島に植民地を建設し、さらにタッラコネンシス、バエティカ、ルシタニアなどの属州にもブドウ畑を拓いた。リオハ地方のセニセロという町はローマの前哨基地であり、考古学的証拠によれば少なくとも2000年前からワインが生産されてきた。

ローマ帝国が弱体化し、北から蛮族が侵入してきたときもブドウの栽培は続けられ、711年にイベリア半島がムーア人［北西アフリカに住むイスラム教徒の呼称］によって征服されるまで変わりはなかった。コーランは酒を禁じていたが、ワイン貿易は（とくにワインを大量に輸入していたイギリスとの間で）続いた。ムーア人もローマ人のように開明的な支配者だった。偉大な文明の恩恵をもたらし、被支配民族が従来の生活を続け、土地の伝統や文化を継承することを何よりもよしとした。

だが、開明的な支配者であったにせよ、ムーア人への反感が消えたわけではなかった。ムーア人を排斥するための戦い「レコンキスタ（国土回復運動）」は何百年間も続き、じりじりとしたペースではあったが、ついにキリスト教徒はスペインを奪回した。1492年1月、追い詰められたムーア人の最後の総督がグラナダの壮麗な前哨基地を明け渡し、700年間続いたムーア人のスペイン・ポルトガル支配は幕を閉じた。言うまでもなくそれは、クリストファー・コロンブス［1451～1506］が新世界を発見すべくアンダルシアの港から大西洋横断の旅に出た年でもあった。

それから数百年、スペインのワインは大勢のファンを（とくにイギリスで）獲得した。もっとも有名だったのがサックという酒［のちにシェリーと呼ばれるようになる酒］で、現在のシェリーの生産地［ヘレス］あるいはカナリア諸島でつくられていた。サック酒の最大の擁護者は、シェイクスピアの戯曲『ヘンリー4世　第2部』に登場する傑物《けつぶつ》、サー・ジョン・フォルスタッフだ。フォルスタッフは「俺に1000人せがれがいたら、やつらに説いて聞かせる最初の人の道は、水っぽい酒なんざ飲むな、サックなら浴びるほど飲め、だ」と宣言する。

いまでもイベリア半島のもっとも有名なワインと言えば、世界に名だたる酒精強化ワインのコンビ、シェリーとポートだろう。どちらも歴史のあるワインで、地元や国内の需要を満たすためというより、もっぱら輸出市場向けに開発された。こうした酒精強化ワインは、途方もなく長い航海にも耐えられるほど濃醇で甘く、体を温めてくれる強い酒をとくに好むイギリス人やオランダ人の心をわしづかみにした。ワインの貿易には政治も関わっていた。1703年、イギリスとポルトガルの間でメシュエン通商条約が結ばれ、ポルトガルはイギリスの毛織物を、イギリスはポートワインを輸入するようになった。ポルトガルのワイン輸出は増大したが、イギリスからの毛織物の流入はそれを上回り、ポルトガル・ワイン貿易の実利は、圧倒的にイギリス商人の手に握られるようになり、それ以来一部のイギリス人がポート・ワインの製造と販売を独占している。

歴史上のさまざまな事件は、ワインの発展に何度も重要な役割を果たしてきたようだ。中世ヨーロッパのもっとも重要な巡礼路は、聖ヤコブの遺骸が漂着したとされるサンティアゴ・デ・コンポステーラ［イベリア半島北西部］を目的地としたカミーノ・デ・サンティアゴ［サンティアゴの道］だったが、巡礼者たちは、おもにふたつのルートを通ってフランスからスペインに入った。ナバラのロンセスバリェスの道と、ナバラに隣接するアラゴンのソンポルト峠を越える道である。文字通り何百万もの人々が、ヨーロッパを横切る長いこの道を通過した。巡礼者たちは、聖ヤコブの墓を目指す難儀な旅を、一生に一度のつとめであり冒険でもあると考えていた。ナバラ、リオハ、そしてサンティアゴ・デ・コンポステーラのあるガリシアへ――旅人たちが往来する道の両側には、教会、病院、修道院、宿屋が続々と建てられた。巡礼者たちには寝泊りする場所と、もちろん食事と飲みものが必要だった。こうして巡礼者たちのニーズに応えるために、中世の旅行産業が発達した。とくに重要だったのが、おびただしい人数の喉の渇きを癒やすワインの備えだった。ほこりだらけの道を歩けば、喉は自然とからからになった。

ひょっとして、ブルゴーニュの修道士たちが、サンティアゴへ向かう巡礼の途で中リオハに立ち寄り、この土地がブドウの栽培に適していることに気づいてすっかり腰を落ち着け、ブドウ畑を耕し、ワインをつくるようになったのだろうか。そして、洗練されたフランス式のワインづくりの技術を――とくに赤ワインをオークの樽で貯蔵して醸造させる技術を伝授したのかもしれない。いや、厖大な巡礼者の渇きを癒やすのだから、こんな手間暇のかかる方法でワインがつくられていたはずはない。巡礼者たちは、収穫されたばかりのブドウでつくられた、できたてのいちばん安い若いワインを選んだに違いない。リオハで、ワインをオークの樽で熟成させる方法が取られるようになったのはずっと時代が下ってからだろう。おそらく、フランスのブドウ畑が、まず猛毒のうどんこ病に襲われ、次いでフィロキセラの被害［第1章参照］に遭った後で、こういったフランス風のワインをつくり、フランスのワイン市場に食い込む一歩を踏み出したのではないか。フィロキセラは、のちにヨーロッパのほぼすべてのブドウ畑を壊滅させた。最初にフランスがフィロキセラにやられ、次にスペインがフィロキセラの被害に遭うまでの間に、リオハは良質で手頃な赤ワインの特産地として表舞台に登場することができた。リオハはいまもスペインを代表する赤ワインの産地だが、リビエラ・デル・ドゥエロやカタルーニャなどの地域も躍進している。

スペインは、フランコ［1892〜1975。スペインの軍事指導者で独裁者］の没後、独裁政権の影から抜け出して近代的経済機構を発展させ、ヨーロッパの主要国の仲間入りを果たした。ワイン産業ははかりしれない恩恵に浴した。ワインの製造やマーケティングについて、先進的なアプローチが取られるようになった。最新の技術を利用した上質なワインが、ガリシア州（とくに有名なのがアルバリーニョ種の白ワイン）、カタルーニャ州（上質な赤、白、スパークリングがそろっている）、カスティーリャ・レオン州（とびきりおいしい、世界クラスの赤ワイン）、そして地中海沿岸地方で続々と生産されている。

広大な中央内陸部に位置するカスティーリャ＝ラ・マンチャ州でさえ、優秀で手頃な価格帯のワインを生産している。この乾ききった、木のない高地では木材は採れないが、粘土ならばたっぷりとあった。そこでこの地域では、ワインは伝統的にティナハという大きな土の甕《かめ》（巨大なアンフォ

樹木はまばらだが、粘土はたっぷりあるスペイン中央部では、ワインは伝統的にティナハという巨大な土器で醱酵させていた。

ラ型容器。古代ローマのワインの産地で発見された、醱酵用の素焼きの容器ドーリアムの直系子孫）で醱酵させていた。ビリャロブレドという町はティナハの伝統的な生産地で、壺づくりの技術が陶工たちの間で何世紀にもわたって継承され、壺を焼く巨大な窯もあった。しかし近年はスペインのワイン産業の急速な近代化に伴い、ステンレス製の温度調節可能なタンクが採用されるようになって、ティナハはすっかり廃れてしまった。こうして、土器で醱酵させたバルデペーニャス産ワイン特有の石の風味は残念ながら消えてしまった（私の記憶では１９９０年代までは残っていた）。

木が生えていないスペイン内陸部で、木の樽や大樽が一般的な醱酵用容器でなかったように、ワインの輸送用容器も木の樽とはかぎらなかった。むしろ、果てしなく広がる内陸部全域で草を食んでいるヒツジやブタやヤギたちが、ワインを保存したり輸送したりするペジェホやボラーチョという酒袋になった。こういった、ヒツジやブタやヤギの皮の容器は、脚を含む全身のなめし革からつくられた。革の裏表をひっくり返して縫い合わせ、液体が漏れないように内側に松脂《まつやに》を塗った。容量は60リットルかそれ以上あり、前脚の部分をつかめば、屈強な男が肩に担いで運ぶのに具合がよかった。やはり毛の生えている側を内側にして松脂を塗ったボタは、スペイン内陸部で使われているひとり用の酒袋で、水筒のように利用されていた。高くもち上げてぎゅっと押すとシューッと小気味よい音をたててワインが喉の奥に飛び込んでくる。

実際のところ、こんな風に松脂を塗った動物の皮に入っていたワインはどんな味だったのだろう？動物の体に染みついた汚れが、どんなに濃醇なワインの味も台無しにしてしまったに違いない。いまではこういった牧歌的な容器を使う人はいなくなった。スペインは、あらゆる品質の優秀なワインをつくるために最新技術を駆使する、完全に近代的な国家だ。世界のどこであれ、現代の科学技術をブドウの栽培や収穫に合理的に応用すれば、安定した品質のワインをつくることは可能だろう。ときには傑出したワインをつくることもできるかもしれない。しかし、ロマンチックな風情が失われてしまうことはまぬがれない。

ポルトガルは、隣国のスペインと同様、少なくともローマ帝国の時代にさかのぼる、ワイン栽培の根強い伝統がある。それは、ローマ軍団の兵士たちがポルトガル最北部に位置するリマ川を越えて目にした絵のように美しい土地に植民しようと決めたときにはじまった。その土地はブドウ以外の農作物には適さなかったが、ローマ人はブドウを木などの自立した植物に絡ませる牧歌的な方法を伝えてこの土地を救おうとした。この栽培方法は、つい20年ほど前までミーニョ川流域で継承されていた。

ポルトガルという国は、そのワインのように、自分の殻に閉じこもる傾向がある。いくつかの世界的なブランドやポートワインは別として、国内で生産されたワインはほとんど国内で消費されている。アレンテージョ、リバテージョ、エストレマドゥーラ、ダン、ベイラス、ドウロ、バイラーダ、コラレスなどの生産地では、ほかの国では見られない土着種を主体とした個性的なテーブルワイン［EUワイン法で、指定産地優良ワインに対して、国名やおおまかな地域名のみが記されたワイン］を、日常使いのものからワイン通が収集する超高級ヴィンテージまで幅広く生産している。

ローマ人がはじめたミーニョ地方のブドウ畑は、ヴィーニョ・ヴェルデ（緑のワイン）という独特で軽快なワインの古くからの産地だ。「ヴィーニョ・ヴェルデ」という名称は、このワインがミーニョ産であることを示す（ただしまぎらわしいことに、この「緑のワイン」には白もロゼも赤もある）。質のよいものはすっきりとしていて喉越しがいい。個性のはっきりしたアルバリーニョ種 *alvarinho*（国境を挟んですぐ隣の、ガリシア地方［スペイン］のアルバリーニョ種 *albarino* と同じ品種）とロウレイラ種というポルトガルの土着種でつくられたものがとくにおいしい。

ポートワインはポルトガルのもっとも有名な輸出品のひとつで、ドウロ川渓谷の指定された区域で栽培・処理されたブドウを原料とする酒精強化ワインだ。ポートワインにはさまざまなスタイルがある。一般的なのは赤のポートワインだが、白もある。辛口、中辛口、甘口とあり、大樽で長期間熟成させるもの、瓶で何十年も熟成させるもの（澱《おり》が沈殿しているものもある）、単一年度に収穫されたブドウのみを使ったヴィンテージもある。港湾都市ポルトの対岸にあるヴィラ・ノヴァ・デ・ガイアのポートワインのロッジ（倉庫街）の多くは、17世紀にイギリス人によって創建されたものであり、いまもポート・ワインの製造と販売は一部のイギリス人に牛耳られている。ポートワインはよく模倣されるが、これに匹敵するものはできたためしがない。じつにここは、1756年、ワインの真正性を消費者に保証し、にせものから生産者を守るためにワイン法が制定された世界最古のワインの指定生産地域なのだ。ヴィンテージ・ポートは、蒸留酒の圧倒的な力強さと複雑さと、ワインの、官能的で絹のように滑らかでこくのある甘い舌触りを併せ持つ、世界の偉大なワインのひとつだ。

もうひとつの歴史ある酒精強化ワインが、アフリカ大西洋岸沖のマデイラ島（ポルトガル領）で産されるマデイラ・ワインだ。マディラ島は、その地理的位置から、大西洋を横断してアメリカ大陸へ向かう船、アフリカへ向かう船、喜望峰を経由してインドや極東を目指す船など、たくさんの船が寄港する港になった。長い航海の前に、船はこの島に立ち寄って食糧などの装備を補給したが、船乗りがとくにたっぷり買い込んだのがワインで、船倉に積んで船を安定させたり、飲んだり、目的地に到着したら売ったりした。そうは言っても、ワインは赤道を越えなくてはならなかったので、酸化したり、酢になったりしておおかたいたんでしまった。そこでワインをいたみにくくするために、蔗糖《しょとう》［サトウキビの糖］を原料とする強い蒸留酒を混ぜて、ワインのアルコール度数を高めた。

こうして強化されたワインは半永久的に保存が効くようになった。すると今度は、船が長旅の間に経験する赤道の灼熱の暑さや荒れ狂う波が、酒をおいしくするために欠かせないプロセスだと考えられるようになった。やがてワインが長い船旅をしなくて済むようになると、マデイラ島ではエストゥファという加熱室でワインを熟成させて過酷な船の旅を再現するようになった。加熱室に入れることでワインの味が凝縮され、色は濃くなり、いっそう複雑な味わいのマデイラ・ワインとなるのである。

もうひとつ、ワインの世界でポルトガルが果たしている重要な貢献を見逃してはいけない。ポルトガルはつい数十年前まで、良質なワインの製造に欠かせないあるものの世界最大の産出国だった。天然のコルクである。コルクに代わる新しいタイプの栓は今後ますます普及するだろうが、最高級のワイン、とくに長期間熟成させなければならないワインには、瓶に封をする良質の天然コルクがこれからも必要だろう。そしてポルトガルはいまも最良の天然コルク生産地である。

◉イタリア——豊かなワインの遺産

イタリアでは、全20州が例外なくワインを生産している。北は雪に覆われたアルプス、アオスタ渓谷のヨーロッパ一標高の高いブドウ畑から、南はシチリア島と北アフリカに挟まれた小さな火山島パンテッレリーア島まで、ブドウは生い茂り、手入れをされ、じつに多彩なワインの原料となっている。

ワインづくりの数千年の歴史が人類独自の創意工夫の才を反映しているのだとすれば、古代ローマ人がつくっていた多種多様なワインは見事にこれを実証している。彼らは、トゥファという白亜を地下深く掘って洞穴をつくり、ブドウを低温醱酵させた。ブドウの果汁を煮詰めたもの（マスト）を混ぜてワインを甘くしたり、ワインに白亜を混ぜて酸化を予防したりした。ブドウが干しブドウのようになるまで陰干ししてデザート・ワインをつくった（イタリアでは、いまもローマ時代と同じ方法でパッシート・ワインという甘いデザート・ワインをつくっている）。ワインに海水やハチミツやスパイスを混ぜる習慣もあった。原始的なスパークリング・ワインもつくっていた（ワインをアンフォラで醱酵させてコルクや松脂で封をして冷たい海水に漬けておくと、醱酵中に発生した二酸化炭素がワインの中に閉じ込められて発泡ワインができる）。

ローマ人は間違いなく、ヨーロッパのワイン醸造家にとって基本中の基本原理であるテロワールの概念を理解していた。土壌や標高や地勢によって畑を分類して、どの畑にどのブドウ品種を植えるべきでどの品種を植えてはいけないかを定めていたのだから。

時代が下ると、ガリアやヒスパニアといった植民地からローマのうわばみたちにワインが供給されるようになったが、そこには格付けがあったはずである。現に、ファァレルニア、アルバヌム、スレンティヌム、ラエティクムといった伝説的なワインは、現代のボルドーやブルゴーニュの超高級ワインのように古代ローマのワイン通たちの間でもてはやされていた。こういった古代ローマのグラン・クリュは、何十年間も熟成されただけでなく、こんにちの基準に照らしても目玉が飛び出る

生のブドウを干しブドウのような状態になるまで干して保存性を高め、ブドウ糖を凝縮させてワインをつくる方法は古代にはじまった。パッシート・ワインは、いまもイタリアでつくられている。

ような値段がつけられていたに違いない。

ローマ帝国が衰亡すると、ヨーロッパのほかの地域と同じくゴート族やロンバルト族が北から押し寄せてきて、イタリアも暗黒時代に突入した。ローマ人によってもたらされていた、開明的でコスモポリタニズム的な気風は消えて、封建的な農耕システムを土台とする内向的な社会となった。中世からルネサンスにかけて、イタリア半島は、ジェノヴァ、ヴェネツィア、フィレンツェ、シエーナ、ハプスブルク家、スペイン・ブルボン王朝、そしてもちろんバチカンといった都市国家や王国、公国、共和国などの独立勢力によって細分化された。イタリアが国家意識を回復するのは、1861年にイタリア半島全土が統一されてからの話である。イタリアに郷土愛や地域愛が根強く残っているのにはこういった背景もあるのだろう。

ルネサンス期には、貴族や銀行家、商人や貿易業者などの新興富裕層が、上等なワインのお得意様だったに違いない。たしかに、こんにちイタリアでもっとも有名な（そしてもっともすぐれた）ワイン生産者の中には、トスカーナ州のアンティノリ家やフレスコバルディ家のように、14世紀、いやそれ以前にまで先祖をさかのぼる家がある。一方、庶民にはワイン用ブドウもありふれた農産物のひとつに過ぎず、毎日飲む安いワインは、地中海地方でよく見るオリーブ油とパンを基本とした日常食のひとつにすぎなかった。

イタリアのワインづくりの伝統は、フランスと同じく、修道院などの宗教施設の中で受け継がれていった。言うまでもなく、ワインは聖体拝礼の儀式の要だった。教会が富を蓄えてバチカンが世

イタリアでは長い間、ワインは「大量に買いおきする農産物」と考えられていた。そのときに使われていたのが、ダミジャーナという籠に入った大きなガラス瓶である（容量54リットル）。ダミジャーナで購入し、手頃な大きさの瓶に移しかえるのが一般的だった。

俗の権力者たちと肩を並べるようになると、高位聖職者たちは快適な暮らしを享受するようになり、肉体的快楽は否定されるのではなく享受されるようになった。司祭も司教も、大司教も教皇も、食事や上等のワインが与えてくれる喜びを拒まなかった。前述の通り、中世やルネサンス期の教会の記録を調べたところ、十分の一税は、ある特定のブドウ畑のワインにかけられたものであることがわかった。つまり、司祭たちはどのブドウ畑でいちばんおいしいワインができるかを知っていて、何が何でもそのワインを手に入れようとしたのだ。

ギリシア人もエトルリア人もローマ人も、ルネサンス期の銀行家も司祭も、誰もがイタリア半島の上質なワインの価値を認めていたにも関わらず、いまにいたる道のりのどこかでこの豊かなワインの遺産は失われてしまった。意外にも、イタリアでクオリティ・ワイン（上質のワイン）という考え方が生まれたのはごく最近なのだ。１９６０年代から70年代頃まで、ブドウの栽培はその他の農産物とまったく同じように行なわれ、ブドウの出来は質ではなく収穫された量で評価されていた。イタリアには中世から続くメッザドリーアという分益小作制度があり、小作農は、家と耕作地を借りる見返りに地主（パドローネ）と収穫物を折半していた。これでは、量は少なくても質のいいブドウをつくろうという気になれない。メッザドリーアは１９６０年代に入ってやっと中部イタリアで廃止されたが、その負の遺産は70年代に入っても続いた。

その頃ようやく、地主とワイン生産者が自分たちの遺産を再評価しはじめた。先陣を切って世界に旋風を巻き起こしたのがサッシカイアというトスカーナのワインだ。これは、カベルネ・ソーヴィ

イタリアで、上質なワインという概念が生まれたのは比較的最近だ。1970年代に登場した、ティニャネロに代表されるいわゆる「スーパー・タスカン」の登場と同時だった。こういったワインは、イタリアの土着品種か国際的な品種からつくられる。写真のマルケーゼ・アンティノリの貯蔵室のように、ほぼ例外なくフレンチオークの新樽で熟成される。

ニョン、カベルネ・フラン、メルローという、フランスの伝統的なブドウ品種をフレンチオークの新樽で熟成させるという型破りなワインである。これに続いたのがティニャネロ。こちらはトスカーナ州の土着種であるサンジョヴェーゼにカベルネ・ソーヴィニョンを少々ブレンドしたもので、たちまち大評判となり、「スーパー・トスカーナ（スーパー・タスカン）」と呼ばれる新世代のイタリアワインが誕生した。これらは洗練されたデザイナー・ワインで、目玉が飛び出るような値段がついている。イタリアが、質、スタイル、価格のすべてにおいて世界クラスの最高級ワインをつくれることを世に知らしめた。

1970年代以降、イタリアでは全国のワイン生産者がブドウ畑を改良し、収穫量一辺倒ではなく、おもにイタリアの土着種の中から（ときに途方に暮れながらも）選んだ栄えある品種で良質なワインを生産するという課題に取り組むようになった。

キャンティ・クラシコは、19世紀以来、白ワイン用品種との混醸を指定されていたが、それをやめてから劇的においしくなった。ブルッネロ・ディ・モンタルチーノもトスカーナの伝統的なワインで、イタリア・ワインの中でもっとも有名なもののひとつだ。古い大きな樽で長期間熟成させる代わりに、果実味としなやかさを強調する、より現代的な手法でつくるようになって、ここ数十年でぐんと品質が向上した。

イタリア北西部は古くから、イタリアを代表する気品に満ちた赤ワインの産地だった。ピエモンテ一帯を支配していたサヴォイ公は、イタリア統一運動（リソルジメント）によって成立したイタリア王国の初代国王となった。ピエモンテ州のバローロとバルバレスコは昔から「王様のワイン」と呼ばれてきたが、その名に恥じないワインである。こんにち、ランゲ地方ではアルバを中心に、ネッビオーロ、バルベーラ、ドルチェットなど、イタリアらしい個性的なブドウ種を使った伝統的なワインと、生産量はずっと少ないが、著名な生産者がカベルネ・ソーヴィニョンやシャルドネといったフランスのブドウ種からつくる「デザイナー」ワインの両方を生産している。

近年、国際的なブドウ品種が脚光を浴びる機会も増えてきたが、何と言ってもイタリアについて印象的なのは、地元や地方に対する強い思い入れだ。イタリアのブドウ品種の中には、ある特定の土地にしか植えられていないものがある。たとえばヴェルディッキオという白ブドウ種はマルケ州でしか栽培されていない。トカイ・フリウラーノは生き生きとした香り豊かな白ワインの原料だが、フリウリの丘陵でしか栽培されていない。ヴェルナッチャはトスカーナの土着種で個性豊かな白ブドウ種だが、トスカーナどころか中世の面影が色濃く残るサン・ジミニャーノ郊外の白亜質の土壌でしか栽培されていない（まぎらわしいことに、サン・ジミニャーノというワインがほかにもあるのだが、これはこの町とまったく関係ない、めずらしいブドウの名前に由来する）。中世から伝わるサグランティーノというブドウ種には、ウンブリア州のモンテファルコという町でしかお目にかかれない。なぜだろう？　サグランティーノのワインは非常に野性的で一度飲んだら忘れられないほど個性が強い。このようにイタリアには、郷土色が濃いものへの思い入れがいまも根強く残っている。フィレンツェとシエナは同じトスカーナ州の街だが、フィレンツェの人がシエナのワインを飲むことはほとんどない。ピエモンテ州のアルバの住人は、名物の白トリュフのリゾットと一緒にバルベーラ・ダルバを飲むだろうが、そこからほんの少し北にいったアスティのバルベーラ・ダスティはめったに口にしない。

イタリアには、数千とは言わないまでも数百種類の土着のブドウ品種がある。その多くは、栽培されている地元以外の場所ではほとんど知られていない。その名から、古代ギリシアに起源をもつと想像されるアグリアニコ種やグレコ種には南部の比較的広い地域で遭遇する。しかし、ヴェネト州のコルヴィーナ、ラボーゾ、レフォスコ、カンパニア州のファランギーナ、フィアーノ、ピエモンテ州のアルネイス、グリニョリーノ、ファヴォリータ、プッリャ州のネグロアマーロ、プリミティーヴォ、カラブリア州のガリオッポ、アブルッツォ州のモンテプルチャーノ、シチリア島のネーロ・ダーヴォラ、カタッラット、グリッロ、ウンブリア州のサグランティーノ、グレケット、リグーリア州のヴェルメンティーノ、ロンバルディア州のボナルダ、トレンティーノ＝アルト・アディジェ自治州のマルツェミーノ、フリウリのピコリット、エミリア＝ロマーニャ州のパガデビット、ラティウムのチェサネーゼ、サルデーニャ島のカンノナウ、モニカはどうだろう。ここに挙げたものは、イタリアの個性あふれる土着種のほんの一部である。どれもまだなじみの薄い名前かもしれない。しかしほんの一握りの国際的なブドウ品種に支配されつつあるワインの世界では、こうした土着種こそ、これからも守り、支え、世に広めていくべき偉大なワインの遺産の象徴なのである。

最後に歴史つながりの興味深い話題を補足しよう。近年、古代ローマやさらに古い時代につくられていたワインを再現しようという動きがある。ブドウを木の桶や樽ではなく、ましてやステンレスのタンクでもなく、地中に埋めたテラコッタのアンフォラで醗酵させようというのだ。イタリアの北端と南端でこれを実践しているのが、フリウリ在住のヨスコ・グラブネルという生産者と、シチリア島東部のアジェンダ・アグリコーラ・コス社だ。その純粋でひときわ個性的なワインは、古代の方法が現代にも十分通用するだけでなく、私たちと古代の人たちが数千年の時を超えてずっとつながっていることを実証している。私たちは文字通り過去を飲むことができるのだから！

●ドイツ

ブドウは一般に地中海地方の植物で、オリーブの木が生い茂る温暖な土地によく育つと言われる。しかし、地中海よりはるか北に位置するドイツのラインラント［ライン川以西の地方］でも、少なくともローマ帝国の時代からブドウは栽培されていた。はて、２０００年前はブドウ栽培を奨励できるほど気候が温暖だったのだろうか？　あるいはローマ人はそんな昔から、ラインラントの険しい急斜面が――ライン川やモーゼル川やそれらの支流によって潤されているこれらの土地が――まろやかさと酸味のバランスが絶妙に整った刺激的で個性的なワインをつくりだせる可能性を秘めていることを知っていたのだろうか？　そしてそのワインが、世界でもっともエレガントで魅惑的な、きりりとしたフルーティなワインになることを見抜いていたのだろうか？

おそらくブドウは、ローマ帝国のほぼすべての植民地と同様にドイツにも文明の恵みとしてもたらされたのだろう。ライン川は、西のローマ帝国と東の野蛮なゲルマン民族の境界線だった。モーゼル川河畔にあるドイツ最古の都市トリーアはローマ時代の要塞だ。ドイツにブドウ栽培を伝えたのは、ライン・ドナウ川戦線の守備を強化したローマ皇帝プロブス（在位２７６～２８２）だったと俗に言われるが、モーゼルのワインの記録が歴史にはじめて登場するのはその１００年後、ローマ人の著述家でボルドー生まれのアウソニウスの「モゼラ」という詩の中だった。

ブドウはキリスト教の拡大と共に広がったようだ。カール大帝は、ブドウの栽培を奨励してブドウ畑を所有する教会や修道院を支援し、聖餐用だけでなく日常飲用のワインもつくらせた。中世には、大修道院や修道院によってドイツのもっとも重要なブドウ畑のいくつかが拓かれた。中でも有名なのが、のちにシュロス・ヨハニスベルクとなるラインガウのベネディクト派修道院だった。ここは18世紀にドイツではじめて貴腐ワインがつくられた場所と言われている。

こういった昔のワインはどんな味がしたのだろう？　難しい問題だ。6世紀に、イタリアの詩人ウェナンティウス・フォルトゥナトゥス［540頃〜600頃］がドイツの赤ワインについて記しているが、現在ドイツのブドウ品種としてもっとも有名なリースリングの記録がはじめて登場するのはそれから900年近く経った1453年のことである。ドイツ人は昔から、リースリングと一緒に植えられていたマスカットやトラミネールのような香りのよい品種のワインを好んだようだ。また、スパイス入りワイン（アルコールを足して強化することもあった）も好まれていたらしい。

ドイツのブドウ畑は、何百年にもわたり、戦争による被害を受けてきた。17世紀初頭の三十年戦争から20世紀の二度にわたる世界大戦まで、ドイツでは戦争が起こるたびに働き手である男たちは兵士として駆り出され、ブドウ畑は荒廃した。ワイン産業への打撃は深刻で、こうした時期にはワインを輸出するどころか国内の需要を満たすことさえままならなくなった。しかし20世紀後半以降、ドイツのワイン産業は急激な成長を遂げた。ブドウ畑は再編され、1971年にはドイツワイン法が発効された。ドイツでは生産地呼称統制とブドウ果汁の糖度による独自の品質等級が併用されている。ドイツワインは生産地限定格付け上質ワイン（QmP）、生産地限定上質ワイン（QbA）、地酒（ラントヴァイン）、テーブルワイン（ターフェルワイン）の4つに格付けされ、さらに生産地限定格付け上質ワインは糖度によって6つに分類される。糖度の低いものから順に（例外もあるが）、カビネット［もっとも辛口］、シュペトレーゼ［やや甘口］、アウスレーゼ［長熟させたブドウからつくる中甘口］、ベーレンアウスレーゼ［過熟状態のブドウからつくる極甘口］、アイスヴァイン［氷結したブドウからつくる極甘口］、トロッケンベーレンアウスレーゼ［貴腐ワイン。ドイツ最高峰のデザートワイン］である。

ドイツ各地で非常にたくさんのブドウ種が栽培されているが、多くの限定生産地域で圧倒的に植えられているのが、栽培は難しいが気品あふれるワインの原料となるリースリング種である。モーゼル・ザール・ルーヴァー地域は、ドイツの中でもたいへん個性的な良質のワインの生産地だ。モーゼル川中流域に位置するベルンカステルでは、高台にある南向きのブドウ畑でリースリング種のブドウが栽培されている（ブドウ畑は、はるか下にモーゼル川を望む灰色の痩せた粘板岩に覆われた急斜面にある）。この高台でリースリング種は午後は太陽の光をたっぷりと浴び、夜は冷気にさらされる。石だらけの土地から放射される熱に温められると、香りがよくてフルーティで芯にしっかりと酸味のあるワインができる。最高級のドイツワインは、単一地所の生産者や、有名な「ベルンカステルのドクトール」のような名前がついた単一畑で産される。

リューデスハイムとホーホハイムに挟まれたラインガウ地域は、気候はもっと温暖で土地も肥えている。この畑で採れるリースリング種からは、濃厚なこくがありながらもフルーティで、複雑で

ドイツ、モーゼル川河畔の急な粘板岩の斜面は、気難しいリースリング種が熟するのに理想の環境だ。

きわめつけにエレガントなワインができる。ライン川からたちこめる秋の霧は、ドイツ中の（そして世界中の）人々の垂涎の的であるワインをつくりはじめる理想の環境が整った合図だ。暖かい午後の陽ざしが翳《かげ》る頃にたちこめる湿った霧が、エーデルフォイレ（ボトリチス・シネレア）を発生させる。ボルドーのソーテルヌ地区、ロワール渓谷、オーストリアのブルゲンラント州でもおなじみの貴腐である。エーデルフォイレが天然のブドウ糖を凝縮させると、一度味わったらやみつきになること間違いなしのハチミツのようなアロマが誕生する。

ドイツのブドウ畑では、リースリング種以外にもそれほど栽培が難しくないたくさんのブドウ品種が栽培されている。シルヴァーナー種は多産でリースリング種の2倍近くも実を結ぶ。ミュラー=トロガウ種は栽培がずっと簡単だ。ラインヘッセン地域は土壌が肥えていて気候はさらに温暖である。ここでは、フルーティで口当たりのよいワインが大量に生産されている。リープフラウミルヒのように商業的に大成功をおさめたワインもある。

さらに南にいくと、ハート山系の丘陵地へ続くライン低地地方北部にプファルツという生産地がある。陽光が降り注ぐ平均気温の高い土地で、地中海沿岸地方とほとんど気候は変わらない（ブドウだけでなくイチジクやヤシも生えている）。ルーレンダー、ショイレーベ、モリオ・ムスカートといった土着種のワインに官能的でスパイシーな味わいがあるのも不思議ではない。一方、ミッテルハート地区の最上級の畑ではリースリングを徹底的に完熟させる。こうしてつくられるワインはパワフル、かつとびきり繊細だ。

ドイツの各生産地域のワインは、自分を育んだ土地をそれぞれ個性的な方法で表現している。ライン川に注ぐナーエ川両岸の狭小なブドウ畑でつくられるワインは、太陽に焼かれた砂岩の台地の色そっくりの美しい黄金色をしている。バーデンのカイザーシュトゥール地区のワインは芯があって力強い。原料となるブドウが、シュヴァルツヴァルト（黒い森）沿いのブドウ栽培に適した火山灰土壌に生えているからだ。フランケン地方の、きりっと辛口のシルヴァーナー（ボックスボイテルというだるま型の瓶――ヤギの陰嚢に似ているという説もある――に入っている）は、シルヴァーナーというやや平凡なブドウ種からつくられているにも関わらず、他の産地でつくられたシルヴァーナーにはない独特の風味と香りがある。アール渓谷の、明るい色の軽い赤ワイン。ヘシッシェ・ベルクシュトラーセ地区の香り高いリースリング。ミッテルライン地域のフルーティでマイルドなワイン。これらのワインには、それぞれ例外なく熱烈なファンがいる。

ここ数十年の間に甘口より辛口のワインが好まれるようになり、そのせいで世界的にドイツワインの人気は低調かもしれない。しかし人間の味覚は気まぐれであり、現代の味の流行は、文字通り何世紀にもわたって人々に喜びを与えてきたワインとは何の関係もないはずだ。ワインを愛する者ならば、ヨーロッパ最北のブドウ畑でつくられるドイツワイン独自の味わいを見逃すべきではない。

●その他のヨーロッパ

フランス、イタリア、スペイン、ポルトガル、ドイツ。これらの国々のワインは世界的に認知され、世界中で消費されてもいる。だが、ヨーロッパの他の国々でもヴィティス・ヴィニフェラ種は広く栽培され、さまざまなワインがつくられている。ローマの偉大な遺産という言葉の通り、2000年以上も前にローマ人によって拓かれたブドウ畑はいまもヨーロッパ各地で耕され続けている。たとえその畑のワインが、ある国のある地域の人々の喉しか潤していないとしても。かぎりある供給を需要が上回っているときは、お目当てのワインがある国や地域を自分の脚で訪ねて試してみるしかない。

たとえば、スイス国外でスイス・ワインにお目にかかることはめったにない。しかし、レマン湖のほとりやヌーシャテル、ヴァレー地方（ローヌ渓谷上流の温暖な地域）、イタリア語圏に属するティチーノ地方にもブドウ畑は広がっている。軽やかでシャープな白から、こくのある風味豊かな赤まで幅広く個性的だ。スイスのワインは国外での知名度はそれほど高くないし、これからもそう知れることはないだろう。しかしそれは、輸出できるほどワインが生産されていないというだけの話だ。スイス人は大のワイン好きなので、自国で生産されるワインをほぼすべて飲み切ってしまう。

オーストリアもおいしいワインを産する山岳の国だが、国際的な水準に照らすと生産量はかなり少ない。この内陸国の地形は、天を衝くアルプス山脈から高温多湿のパンノニア平原まで変化に富む。ブドウは、チェコと国境を接するニーダーエスターライヒ州（低地オーストリア）、スロヴェニアと国境を接する南のシュタイアーマルク州、ブルゲンラント州（とくにハンガリーにまたがるノイジードル湖周辺）、そしてウィーンと、広い地域にまたがって栽培されている。ワインのスタイルは、ニーダーエスターライヒ州のグリューナー・ヴェルトリーナー種からつくられるフルーティで辛口のものから、シュタイアーマルク州のスパイシーで芳醇な白まで幅広い。一方、ブルゲンラント州は、ブラウフレンキッシュ種、ツヴァイゲルト種、サンクト・ラウレント種など、オーストリアの土着種を原料とする出色の赤ワインと、世界屈指の魅力的なデザート・ワインの産地である。そのデザート・ワインは、ボトリチス・シネレアという糸状菌が定期的に、安定して繁殖するのにうってつけの環境であるノイジードル湖周辺で収穫されたブドウからつくられる。

言うまでもなく、オーストリアはかつてはヨーロッパの中枢国のひとつであり、広大なオーストリア＝ハンガリー帝国を差配していた。現在のイタリア北東部、スロヴェニア、クロアチア、ハンガリーにあたる地域、そしてもちろんオーストリアのブドウ畑でつくられていたワインは、かつて皇帝や王たちの食卓を彩っていたものだ。有名なトカイワインのブドウ畑は、ハンガリー北東部のスロヴァキアやウクライナと隣接する地域にある。この畑は、ルイ14世をはじめとする王侯貴族にことのほか愛された、世界に類のない芳醇なワインを古くから生産してきた。東ヨーロッパが鉄のカーテンによって西側と分断されていた数十年間、歴史あるブドウ畑は国の管理下に置かれ、ワインの質は劣化したが、こんにちのトカイワインは鮮やかに復活を遂げつつある。ワインの品質は格段に向上し、歴史的銘酒の名に恥じない。現在、ハンガリーやスロヴェニア、ブルガリアやルーマニアといったかつての共産主義国では民間のメーカーがワイン産業を活性化させている。その国固有の土着種と、もっと知名度の高い国際的品種を活用した往時のような良質なワインがふたたび生

ハンガリー東部で栽培されるブドウを原料とした歴史あるトカイのようなワインは、かつて諸国の皇帝たちの卓を彩っていた。数十年間にわたる国家管理から解放され、この歴史的なデザート・ワインは過去の栄光を取り戻しつつある。

産されるようになってきている。

ギリシアは、ヨーロッパのブドウ栽培の故郷だ。だとすれば、いまから何千年も前にその地にしっかりと根を下ろし、ヨーロッパのワイン文化の源となったワイン文化がいまも受け継がれているに違いないと思いたくもなる。先ほど紹介した通り、ワインは古代ギリシア文化の生活の中心だった。そしてギリシアがビザンツ帝国［東ローマ帝国］に併合されていた時代にもブドウ栽培は続いていた（ビザンツ帝国の首都コンスタンティノープルは、非常に活発な地中海ワイン貿易の中心だった）。しかし15世紀後半、コンスタンティノープルが陥落してギリシア本土がオスマン帝国に占領されると、ギリシアのワイン産業はほぼ断絶した。１８２９年に独立戦争が終結してギリシアはオスマン帝国の支配から脱したが、19世紀から20世紀にかけてバルカン半島には騒乱の嵐が吹き荒れていた。ふたつの世界大戦はギリシア人を分裂させ、第二次世界大戦後には悲惨な内戦が勃発した。こうした事情から、１９８１年にギリシアがＥＣ［ヨーロッパ共同体。のちのＥＵ］に加盟するまでワイン産業は実質的には休眠状態だった。

何百年間も続いた占領の時代でも、たくましくて多産なヴィティス・ヴィニフェラ種はけっして見捨てられなかった。ギリシア本土でも島々でも、オリーブやケーパーなどの土着植物の隣でブドウは青々と葉を茂らせ、実を結んでいた。こんにちギリシアには、有史以前からこの場所で栽培されてきた――そしておそらく地球上のほかの場所にはない――幅広い土着種が生育している。アシルティコ、ロディティス、サヴァティアーノ、アギオルギティコ、リムニオ、マンデラリア。国外ではほとんど知られていないが個性豊かなブドウたちだ。ギリシアはブドウの栽培地としては比較的気温が高いので、現代の科学技術、中でも温度調節が可能なステンレスの醱酵容器のおかげで、古代のワインの遺産に起源をもつ個性的なワインの生産が可能になった。

現代では、ギリシアは新興のワイン国に分類されることが多い。だが、ギリシアの現在と過去を結ぶものがある。それは国民的に人気の高い松脂の風味のワインだ。古代ギリシア人は、水漏れやワインの酸化を防止するために、多孔質のアンフォラの内側に松脂を塗っていた。松脂はワインの風味や性格を独特のものにした。いまでも白ワインやロゼワインはこの通りの方法で風味づけされている。レツィーナという松脂入りワインには独特の樹液の風味があり、ギリシア人にも観光客にも人気がある。ギリシアの夏休みの味だ。

ローマ人は植民地化したほぼすべての土地にブドウを運んでいった。ローマン・ブリテン［ブリタニア］の広大な植民地にブドウ畑が拓かれたのはおよそ2000年前のことである。ローマ人が去った後でワインづくりが途絶えてしまったにせよ、イギリスは、ワインを飲む国という長く輝かしい歴史は守ってきた。チョーサー［1343頃〜1400］が描く巡礼者たちは、カンタベリー大聖堂に向かう旅の途中でワインを飲み、シェイクスピアの戯曲の登場人物たちはさまざまな場面でワインの美点を称賛する。

近年、イングランドとウェールズは、本格的なワイン生産国として台頭している。そのワインには、イギリス独自の冷涼な気候によるテロワールがはっきりと反映されている。あらたなブドウ畑

ペブルベッド。イギリスのスパークリング・ロゼ。古代ローマの時代から、ブドウはブリタニアで栽培されていた。しかし、イングランドとウェールズのワイン産業がこんにちのような活況を見せるようになったのは比較的最近だ。

が続々と増えており、市場に出回るイングランド産やウェールズ産のワインの幅もぐっと広がっている。ワインの供給量がイギリス国民の底なしの渇きに追いつくことはけっしてないだろうが、イギリスのワインをもっと真剣に考えるべき時が来ている。目の覚めるようなスパークリング・ワインが、セイヴァル・ブランのような交雑品種からも、ピノ・ノワールやシャルドネなどのヴィニフェラ種からもつくられている。イギリスのスパークリング・ワインは世界最高峰のワインを（シャンパンさえも！）破って、数々の賞を獲得している。非発泡性の白やロゼの中にも、フルーティで酸味のあるきりっとした比較的アルコール度数が低いチャーミングなワインがある。こうしたワインは、原産地をあまり重視せず、重厚でアルコール度数の高いワインは避ける、こんにちの消費者の好みにマッチしている。赤ワインもつくられていて、とくにピノ・ノワール産のものが秀逸である。

地球温暖化のためにイギリスは以前よりも暖かくなっている。そのため、イングランドやウェールズでブドウ畑を拓こうとする動きはますます増えるだろう。イギリス産のワインの品質に個性にも、今後いっそう磨きがかかるに違いない。

第4章 ◉ 世界のワイン

コーカサス山脈南麓で産声をあげたヴィティス・ヴィニフェラ種は、この数千年間で地球のすみずみまでどうやって広がっていったのだろうか。その足跡をたどるのはじつに面白い。

◉アメリカ

小学生がみんな知っているように、クリストファー・コロンブスは、カスティーリャ［スペインの王国。国土統一の中核を担った］のフェルナンド王とイサベル女王の支援を受けて１４９２年に大西洋を横断し、アメリカ大陸を発見した。植民地には、無限の原材料と輸出品の市場があるはずだった。スペインではワインがあふれるほど生産されていたので、新世界はその輸出先として期待されていたのかもしれない。しかし問題がひとつあった。ワインは、熱帯地方を通過する長い海の旅をもちこたえることができなかったのだ。

コンキスタドールたち［16世紀に中南米を征服、探検し、植民地経営を行なったスペイン人］がアメリカ大陸にやってくる頃にはすでに、あらたに発見された土地に、スペイン王国のためという名目でブドウが植えられはじめていた。コルテス［1485〜1547。コンキスタドールのひとり。アステカ帝国を征服した］は、ヌエバ・エスパーニャ（現在のメキシコ）のすべての地主にブドウ畑を拓くように命じ、まもなくワイン産業は新大陸に定着した。実際、メキシコの高地やペルー沿岸部の低地、アンデス山脈の裾野、そしてブドウの栽培にまったく不向きの地域でもブドウ畑が耕されるようになり、とにもかくにも飲用に耐えるワインがたっぷりと生産されるようになった。

こうして、もともとアメリカの土着種ではなかったヴィニフェラ種がアメリカ大陸に根を下ろした。アルゼンチン、チリ、ウルグアイ、メキシコ、そしてもちろんカリフォルニア州のナパ・ヴァレーとソノマ・ヴァレー。冷涼多湿なオレゴン州やワシントン州の丘陵、雪にすっぽりと覆われるカナダのオンタリオ州。これらの土地でつくられているワインは現在新興勢力と言われている。しかし、ワインをつくって飲む文化や習慣はアメリカ大陸全域に何百年も前からあった。

◉北アメリカ

古代スカンジナビアの伝説によれば、コロンブスが出航するはるか昔、レイフ・エリクソンが大西洋を横断してアメリカ大陸に植民地を建設し、野生のブドウが生い茂っていたことにちなんでその土地をヴィンランド（ブドウの国）と名づけたという。そのブドウは実をつけていただろうか？

ワインがつくられたとかブドウの実を食べたなどの記録は残っていないが、北米全域には土着種のブドウが生えている。優勢なのはジュースなどの原料になるラブルスカ種というブドウ種だ。

16世紀から17世紀にかけて北米にやってきたヨーロッパ人はヴィニフェラ種を運んできたが、ヴィニフェラ種はなかなか根づかなかった。冬の寒さは過酷で、夏は猛烈に暑くて湿度が高く、おまけにフィロキセラがいた（数百年後にフィロキセラはヨーロッパのブドウ畑を壊滅状態に追い込む。アメリカから輸入した苗木からまたたく間に広がったのだ）。しかし、ブドウ栽培は一徹に続けられた。東海岸沿いのニューヨーク州、ニューイングランド地方、ペンシルベニア州、バージニア州、南部の諸州。カナダのオンタリオ州、中西部ではオハイオ渓谷と五大湖周辺。西海岸ではカリフォルニア州を筆頭に。オレゴン州とワシントン州、その北のカナダはブリティッシュコロンビア州で。

カリフォルニアのワイン産業の母体となったのはフランシスコ会の宣教師たちである。1770年頃、彼らが最初にヴィニフェラ種を植えて、その後でスペイン政府からすべての地主にブドウ畑を開墾せよという命令が下った。メキシコがスペインのくびきを逃れて独立国家になると、こうした宣教師の施設は世俗化されたがブドウ栽培は続いた。アメリカ・メキシコ戦争［1846～48］後に、カリフォルニアはアメリカに併合され、次いでゴールドラッシュ［1850年前後。カリフォルニアで金鉱が発見され、大規模で急速な人口移動が起きた］がはじまると、ワイン産業はカリフォルニア南部から北のサンフランシスコの丘陵、さらにその北にまで広がった。

ヴィニフェラ種は、カリフォルニア州でつねに好まれてきた品種だった。たしかに、伝説的な地

ナパ・ヴァレーのブドウ畑。カリフォルニアのワイン産業は、18世紀にフランシスコ会の宣教師たちがブドウ畑を拓いたことがきっかけではじまった。

中海性気候のおかげで、カリフォルニアでは全米のどの地域よりもヴィニフェラ種の栽培が普及した。また、アメリカの土着種のラブルスカ種よりずっとおいしいワインができた（できる）というのも、ヴィニフェラ種が好まれた原因のひとつだろう。１８８０年代末には、８００近いワイナリーで３００種ものヴィニフェラ種がこの「黄金の州《ゴールデンステート》」で栽培されていた。20世紀初頭にはフィロキセラの被害も確認されたが、これを上回る逆風は１９２０年から33年まで続いた禁酒法の導入だった。その後すぐに第二次世界大戦が勃発し、カリフォルニアのワイン産業が復活するには、それから数十年かかった。

いまもカリフォルニアは、アメリカ最大のワインの産地として他に抜きん出ている。実際、カリフォルニア州そのものが世界最大のワイン産地のひとつなのだ。１９７０年代から80年代まで、カリフォルニア産ワインは、大瓶入りの廉価ワインや、「ブルゴーニュ」とか「ポート」とか「シャブリ」などのヨーロッパの地名がラベルに書かれたボトル入りワインを含めて、まったくさえないものが多かったが、こんにちのカリフォルニア・ワインの中には、間違いなく世界最高レベルのワインと呼べるものがある。カリフォルニア・ワインには、ブティックワイナリー［個人や家族が経営する高品質志向のワイナリー］で手づくりされているものも、大規模なワイナリーで大量生産されているものもある。赤ワインの原料はおもにカベルネ・ソーヴィニヨン、メルロー、シラー、ピノ・ノワール、白ワインはシャルドネ、ソーヴィニョン・ブラン、シュナン・ブランなどおなじみのヨーロッパのブドウ種である。ジンファンデルというカリフォルニア独特のブドウ種は、（DNA鑑定が示すところによれば）クロアチアのダルマチア沿岸部の無名のブドウ品種の近縁種だ。その他、まずまず評判のいいブドウ種はサンジョヴェーゼ、バルベーラ（前者はトスカーナ州、後者はピエモンテ州の代表的なブドウ種）、ピノ・グリ（ピノ・グリージョ）、リースリング、ゲヴェルツトラミネール、セミヨン、ヴィオニエなど。

一方、太平洋沿岸北西部のオレゴン州やワシントン州は、選り抜きのヴィニフェラ種を原料とする優秀なワインの生産地として知られつつある。オレゴン州のおだやかで牧歌的なウィラメット・ヴァレーと、ワシントン州の起伏が多く辺鄙で気候の過酷なコロンビア・ヴァレーやヤキマ・ヴァレーは対照的な生産地だが、どちらでも、冷涼な気候と昼夜の激しい寒暖差、長い生育期間のためにバランスの取れたワインができる。オレゴン州はブルゴーニュ産のような優雅なピノ・ノワール

ワシントン州やオレゴン州など太平洋沿岸北西部の冷涼なブドウ畑は、ピノ・ノワール、メルロー、カベルネ・ソーヴィニョンからつくられる赤ワインと、リースリングやソーヴィニョン・ブランなど香りのよいブドウ品種を使った白ワインのすぐれた産地である。

の栽培に、ワシントン州はメルローとカベルネ・ソーヴィニョンの栽培に適している。リースリングやソーヴィニョン・ブランのような香りの華やかなブドウ種からかぐわしくて気品のある白ワインもつくられている。

アメリカのワイン産業は西海岸ではじまった。一方の東海岸は、西海岸のワインに品質面でいまだに後れを取っている。かねてからの問題は、ヴィニフェラ種が東海岸に根を下ろすのが難しいということだ。東海岸の冬は長く厳しく、夏は猛烈に暑くて湿度が高い。このように西海岸ほど気候条件が恵まれていないことに加えて、フィロキセラを根絶することは昔から難しく、軌道に乗りかけたブドウ畑が壊滅に追い込まれることが何度もあった。だが、ヨーロッパのブドウ種とアメリカの土着種をかけ合わせた交雑品種は、北東部の過酷な冬にもフィロキセラにも強く、さらにラブルスカ種（土着種）だけでつくった重くて「狐臭」［ラブルスカ種独特の香り。ヨーロッパ人には嫌われている］のあるワインより、ずっと口当たりのよいワインになることがわかった。

ニューヨーク州は遅くとも１８６０年頃からワインを商業的に生産していた。こんにちニューヨーク州には、ロングアイランドからエリー湖までブドウ畑が点在しており、ワイナリーも２００以上ある。最良のワインは風光明媚なフィンガー・レイクス周辺のもの。栽培されているのはセイヴァル・ブラン、オーロラ、カユーガ、ヴィダル・ブランなどの交雑品種だ。ヴィニフェラ種の中で評判がいいのは、シャルドネ、リースリング、ゲヴェルツトラミネール、ソーヴィニヨン・ブランだ。コンコードというラブルスカ種のブドウは広い範囲に植えられており、大量生産用ワインの原料となっているだけでなく、ブドウジュースやゼリーの材料になったり、果実のまま食べられたりしている。

東海岸では、ブドウは南北に飛び石状に栽培されている。バージニア州には、17世紀から18世紀にかけて開墾された歴史的なブドウ畑がある。トーマス・ジェファーソン［１７４３〜１８２６］は熱心なワイン醸造家で、私邸を築いたモンティセロにはブドウ畑もあった。「アメリカもヨーロッパに負けないくらいすばらしい多様なワインを、まったく同じ種類ではなくても質では対等のワインをつくることができるはずだ」と、アメリカ合衆国第三代大統領は主張した。

１９６０年代頃のバージニア州のワイン産業は風前の灯火といったありさまだったが、ここ数十年は盛り返してきている。その成果は「有望」などというものではない。シャルドネ、リースリング、ソーヴィニョン・ブラン、メルロー、カベルネ・ソーヴィニョンなど、ヨーロッパの伝統的なブドウ品種からつくられるバージニア産ワインの中にはとびきりおいしいものもある。バージニア州にはいまやアメリカ・ブドウ栽培地域（ＡＶＡ）が６つもある。そのひとつが、ジェファーソンにちなんで名づけられたモンティセロＡＶＡだ。３人の元アメリカ大統領（ジェファーソン、マディソン［１７５１〜１８３６。第４代大統領］、モンロー［１７５８〜１８３１。第５代大統領］）の私邸のすぐ脇を通るモンティセロ・ワイン・トレイルには24のブティックワイナリーがある。

その他、オハイオ州にはこれといった特徴はとくにないが堅実なワイン産業がある。アイダホ州、テキサス州、ニューメキシコ州、ミズーリ州、アーカンソー州などにもすばらしいブドウ畑がある。

カナダのオンタリオ州には、世界に誇るすばらしいワインがある。ノバスコシア州、ケベック州、ずっと西のブリティッシュコロンビア州でも、ワインづくりはさかんである。カナダでは、アメリカで禁酒法が施行されていた時期にブドウ畑の開墾を進めて隣国をまんまと出し抜いて以来、ワインの生産が続けられている。

極上ワインの鍵を握っているのがオンタリオ州の気候だ。オンタリオ州の冬は気温が低いうえに空気が極度に乾燥しているため、ブドウの房を木につけたままにしておくと実を極限まで熟成させることができる。凍った実は一粒ずつ丁寧に摘んで、実の中の氷が解けだす前にすみやかに圧搾する。糖分をたっぷり含んだブドウの果実からは夢のような甘い香りの――まさしく天下一品――デザート・アイスワインができる。

オンタリオ州は世界最高級のアイスワインの産地。アイスワインの原料となるブドウは、実がしっかり凍るまで木につけたままにしておく。

◉中央アメリカと南アメリカ

征服先の土地にブドウをもたらした古代ローマ人のように、メキシコ、中央アメリカ、南アメリカにやってきたヨーロッパのコンキスタドールたちはヴィニフェラ種を運んできた。続いてやってきたのは、新大陸の先住民たちの魂を救おうとした宣教師たちである。聖体拝礼の儀式を行なうには、何が何でもワインを手に入れなくてはならなかったはずだから、新大陸に最初に開墾されたブドウ畑の多くは聖職者たちが切り拓いたのだろう。カリフォルニア（当時はヌエバ・エスパーニャの一部だった）の伝道所でつくられていたワインや、ペルーで17世紀からイエズス会宣教師たちによってつくられていたワインがその証拠である。だが16世紀中頃には、ワインはすでに教会のためだけのものではなく、日常生活に欠かせない飲みものとなっていた。とりわけワインを切実に必要としていたのは、みずからの手で人生を切り拓き、財を成そうと海を渡って新大陸に植民したヨーロッパ人たちだった。

たしかにワインは祖国とつながりのある飲みものであり、しかも移民先の土地の水よりおいしくて安全な場合が多かった。しかし、スペインやポルトガルからアメリカへワインを輸送するのは簡単ではなかった。液体のワインを入れておく木の大樽は、船倉でかなり場所を取ったはずだ。船倉は熱気で充満し、船は激しく揺れた。上陸した後も陸上をえんえんと輸送しなくてはならなかった。目的地に到着する頃には、おおかたのワインはいたんで飲めたものではなくなっていたはずだ。ヴィニフェラ種がはじめての土地にも――その土地がときに過酷であっても――比較的簡単に根づく種であることを考えれば、植民先でブドウ畑を開墾してワインをつくるというのは自然な流れだった。

ヌエバ・エスパーニャでは、新米地主たちにブドウ畑を開墾せよという命令がもれなく下ったらしいが、メキシコにワイン文化は根づかなかった。それは、先住民や、のちに人口の多数を占めるようになったメスティーソ［白人と先住民の混血である人々］が、ワインよりプルケという地酒（古代から伝わるアルコール飲料で、マゲイというリュウゼツランの仲間の醱酵した樹液からつくられる）を好んだからではないだろうか？　プルケは、かつては聖なる飲みものとされ、神官やいけにえにされる人や支配層しか飲むことを許されていなかったようだが、スペイン人による征服の後は、より幅広い層の人々に飲まれるようになった。アメリカ大陸に蒸留技術を伝えたのも間違いなくスペイン人である。マゲイの茎の根元を白くドロドロになるまですりつぶして醱酵・蒸留させた酒は

アンデス山脈の麓、アルゼンチンのメンドーサ州では、1557年にイエズス会の宣教師たちがはじめてブドウの木を植えて以来ヴィニフェラ種が栽培されてきた。その後数百年にわたり、ヨーロッパからの移民がブドウ栽培の習慣とワインづくりの技術を運んできた。

メスカルといって、テキーラにちょっと似たアルコール度数の高い蒸留酒だ。庶民の間ではこういった強い酒が人気だった。こんにちでもメキシコでは、ブドウを蒸留させたブランデーのほうがテーブルワインより人気があるのは、そのあたりが理由かもしれない。

もちろん、国土の大半が熱帯地方や亜熱帯地方に位置するメキシコの途方もない暑さも、ヴィニフェラ種を原料とする良質なワインの製造があまり普及しなかった理由だろう。もっともおいしいワインが南米の冷涼な気候のブドウ畑でつくられているのは不思議ではない。しかし、アメリカ大陸におけるワイン産業の成功の鍵を握っていたのは気候や地形だけではなかった。ヨーロッパからの植民の歴史も関係していた。

たとえばアルゼンチンでは、ワインの一大醸造地であるメンドーサ州のウコ・ヴァレーにブドウが植えられたのは１５５７年とかなり古い。最初にブドウ畑を耕したのはやはりイエズス会の宣教師たちである。商業規模でのワイン生産も16世紀末にははじまった。１８２０年代にアルゼンチンがスペインから独立すると、ヨーロッパから移民の波が押し寄せてきて、同時にブドウ栽培の習慣、挿し木やワインづくりの技術や知識も彼らの故郷であるフランスやスペインやイタリアからもたらされた。移民たちはワインを飲む文化も新大陸に伝えたので１９６０年代にはアルゼンチンのひとりあたりワイン消費量は世界第3位にまで上昇した。こんにちアルゼンチンではワインの消費量自体は減少している。かつて製品の大半を占めていた、あか抜けないテーブルワイン用のブドウはすっかり姿を消し、いまやアルゼンチンは、アンデス山脈の麓で栽培されたヴィニフェラ種を原料とする日常用の手堅いワインと高級ワインの産地だ。マルベックはもともとフランスの品種だが、地球の裏側に見事に根づき、いまではアルゼンチンの典型的な赤ワインの原料になっている。

威容を誇るアンデス山脈の反対側にあるチリのブドウ畑の歴史も古い。最初のブドウ畑は16世紀中頃に首都サンティアゴを取り囲む肥沃な土地に開墾された。南米のほかの国々と同様にコンキスタドールや植民者や宣教師がこぞってこの国にブドウ栽培を伝えたと言われている。サンティアゴ周辺のブドウ畑の中には、４００年前からワインをつくり続けているというところもある。フランスのブドウ畑がフィロキセラの被害にあったとき、フランスからワイン醸造家たちが新天地を求めてチリにやってきた。チリのワイン産業は19世紀から20世紀にかけて成長を続け、現在ではソーヴィニョン・ブラン、メルロー、カベルネ・ソーヴィニョン、シラー、ピノ・ノワールなどの国際

チリ、エルキ・ヴァレー。チリのブドウ畑は、400年前からずっとワインをつくり続けてきた。チリ・ワインは、19世紀末、フィロキセラにブドウ畑をやられたワイン醸造家たちがフランスからやってきたのをきっかけに、いっそう品質が向上した。

的なヴィニフェラ種をおもに使った優秀なワインを幅広く提供している。

南米のその他の地域はどうだろうか。ブドウは、ポルトガルからの植民者によってブラジルにも運ばれてきた。しかし、国土のほとんどが蒸し暑いブラジルにヴィニフェラ種は根づかなかった。アメリカの土着種のほうがずっと栽培が簡単だったため、いまでもブラジル経済では、ワイン用ブドウより生食用ブドウのほうが大きなウェイトを占める。ブラジルで最高のワインができるのはウルグアイやアルゼンチンとの国境に近い南部である。

ウルグアイは、生産量の点ではブラジルに後れを取っているかもしれないが、バスクやイタリアの移民が切り拓いたウルグアイのブドウ畑が産するワインはなかなか秀逸だ。ウルグアイのワインのほとんどは国内で消費されるか、隣国のブラジルに輸出される。

◉オーストラリア

おそらく4万年以上前から先住民が住んでいたオーストラリア大陸は、1606年、オランダ人探検家によって「発見」され、1770年にイギリス人が領有権を宣言して流罪植民地となった。1782年にブドウの挿し木がニューサウスウェールズに植えられ、1820年頃には商業規模でブドウ栽培が行なわれるようになっていたが、ブドウ畑にはヨーロッパから輸入されたヴィニフェラ種しか植えられていなかった。オーストラリア大陸には土着種のブドウが一本も生えてなかったのだ。

ヨーロッパの移民たちは、自分たちの故郷であるイタリア、ドイツ、スイス、フランス、バルカン半島諸国などから、ブドウの木だけでなく、ワインの伝統や文化も運んできた。ヴィニフェラ種は、この南半球の大陸にうまく根づいたらしい。ニューサウスウェールズ州シドニーの北に位置するハンター・ヴァレー、南オーストラリアのクレア・ヴァレー、エデン・ヴァレー、バロッサ・ヴァレー、ビクトリア州のヤラ・ヴァレー、モーニントン半島、西オーストラリアのマーガレット・リヴァー地区、スワン・ヴァレー。そして冷涼なタスマニア島にもブドウ畑が拓かれた。

生育に適した風土でじっくりと手をかけて栽培されたブドウと、ヨーロッパ人の味覚に合わせた熟練の醸造法が相まって、目の覚めるようなワインが誕生した。19世紀末にはすでにオーストラリア・ワインは、フランス産の最高級ワインさえ破って数々の賞を獲得していた（フランスはさぞか

南オーストラリアのバロッサ・ヴァレーは、国内最高のワイン生産地のひとつ。シラーズとカベルネ・ソーヴィニョンからつくられる、力強くシルキーな赤ワインがことのほか有名。

し無念だっただろう）。

もっと温暖な地域でもさらにブドウ畑が開墾された。その後オーストラリアはイギリスでとても人気があった甘口のワインや酒精強化ワインの生産に力を入れるようになった。１９２７年から１９３９年までのイギリスへのワインの輸出量はフランスを上回るほどだった。

こんにちオーストラリアのワイン産業は成熟期にある。手頃な価格帯の日常用ワインをたっぷり提供できるだけでなく、最高品質のプレミアム・ワインもそろっている。オーストラリアは国土が広大なのでワインの性格も生産地によってかなり異なるが、質の良いブドウと最新の醸造技術がそろっているため手頃で個性的なワインを一貫して生産することができる。そしてブランドとブドウ品種名を強調して売り出すオーストラリアの方法は世界中の消費者に喜ばれている。

フランスの伝統的なワインが、世界中のワインのお手本の役割を果たしてきたというのなら、オーストラリアはニューワールド・ワインの最高傑作をつくる道筋を示していると言っても過言ではないだろう。オーストラリアの代表的なワインを思いつくままに挙げてみよう。ペンフォールズのグランジ（ボルドーのトップクラスのシャトーのものにも負けないインパクトがある。値段も負けてない）。バロッサ・ヴァレー、マクラーレン・ヴェイル、ハンター・ヴァレーのシラーズとカベルネの重厚な赤ワイン。もっと優雅でヨーロッパ風の、西オーストラリアのマーガレット・リヴァーやスワン・ヴァレーのピノ・ノワール、カベルネ・ソーヴィニョンを原料とする赤ワイン。ヤラ・ヴァレー、ハンター・ヴァレー、モーニントン半島のオーク樽で熟成させたシャルドネやセミヨン。クレア・ヴァレー、エデン・ヴァレーのシャープな辛口のリースリング。マーガレット・リヴァーやアデレード・ヒルズの、キレのよいソーヴィニョン・ブラン。タスマニアの秀逸なスパークリング・ワイン。リストはまだまだ続く。

オーストラリアのワイン産業が何より爽快なのは、伝統に拘束されないところだ。新しい（少なくともオーストラリアでは比較的新しい）ブドウの品種、たとえば白ワインの原料となるサヴァニャン、アルバリーニョ、ヴェルデーリョ、ヴェルメンティーノ、赤ワインの原料となるテンプラニーリョ、サンジョヴェーゼ、ネッビオーロなどが試験的に植えられてすばらしい成果を挙げている。最新技術を積極的に受け入れようとする姿勢でも他に抜きん出ている。他の国ならば革新的と言われるものがこの国ではすでに標準だ。例を挙げれば、収穫の機械化や夜間の収穫、酵母の専門家の登用、風味づけ用のオークの板やチップを使った熟成、スクリューキャップ式の栓（オーストラリア・ワインではスクリュー・キャップ以外の栓はまずない）。結局、よいワインというものは――そして偉大なワインは――良質なブドウとすぐれた技術が組み合わされてつくられるものだ。そしてその技術を動かすのは、最良のものをつくろうという志をもった情熱あふれる人間だ。オーストラリアにはこうした資質がすべて備わっている。

●ニュージーランド

世界のほかの地域と同様、19世紀初頭、ニュージーランドにヨーロッパのブドウをはじめて伝えたのは善意に満ちた宣教師たちだったのだろう。初代イギリス総督代理ジェームズ・バズビー［1801～1871］は偶然にも熱心なブドウ栽培家で、1836年、ワイタンギにあった自分の土地にブドウ畑を拓いてワインづくりを試みた。しかし、ワイン産業はまったく流行らなかった。おもにイギリスからやってきた入植者はビール党で、ワインを飲む文化がなかったのだ。ニュージーランドでは、ブドウ畑がフィロキセラに壊滅させられたとき、他の国々のように、アメリカの台木にヴィニフェラ種を接ぎ木するのではなく、アメリカのブドウ種や交雑品種をそのまま植えた。さらに、アルコールの販売に関する制約もワイン産業の障壁となった。

いまや世界的に定評のあるニュージーランドのワイン産業が現在のような形を取りはじめたのは、1960年代から70年代と比較的最近の話で、そのときに交雑品種が取り除かれ、若手の醸造家

ニュージーランド、ワイヘケ島のブドウ畑。ニュージーランドでは19世紀初頭からワイン用ブドウが栽培されていたものの、ソーヴィニヨン・ブランなど、華やかな香りの品種からつくられる優秀な白ワインと、ピノ・ノワールからつくられるシルキーな、ブルゴーニュのような赤ワインの産地として浮上したのは、ここ数十年のことである。

たちがニュージーランドの冷涼な風土に適した高品質なブドウを熱心に栽培しはじめたのだった。

それまでまともなワインはできないと言われていたニュージーランドが、じつはソーヴィニヨン・ブランなどの高品質なブドウ品種を原料とするワインづくりに理想の環境であることに、そのときはじめて世間の人々は知った。気難しく、栽培が難しいことで有名なピノ・ノワールからも、まるでブルゴーニュ産のような、繊細さと品格をもつすばらしいワインができることがわかった。

現在、北島（オークランド、ホークス・ベイ、ウェリントンが有名）にも南島にもブドウ畑はある。南島北東部に位置するマールボロ地方は、国内有数のワインの産地である。いまではニュージーランドのソーヴィニョン・ブラン自体が手本とすべきワインと考えられている。言わずと知れたフランスのサンセールやプイィ・フュメといったワインと性格は異なるが品質では負けていない、ユニークですぐれたワインをニュージーランドがつくれることはもう実証済みである。ニュージーランドのワインの産地は多様なので、幅広いブドウ品種の栽培に都合がよい。たとえば、白ワイン用にはシャルドネ、リースリング、セミヨン、ピノ・グリ、赤ワイン用にはカベルネ・ソーヴィニョン、メルロー、シラー、そしてピノ・ノワールなどが栽培されている。

まだ若くて進化の途上にあるニュージーランドのワイン産業は活力にあふれている。この国でしかつくることのできない、ワールドクラスのワインを供給できる国として地歩を固めつつある。ニュージーランドは、良質なワインの産地が比較的短期間でどうやったら拡大できるかを示す生きた手本にほかならない。

●南アフリカ

いわゆるニューワールドの国々を、良質なワインの世界の新参者とみなすのは安直だ。それどころか南アフリカのケープ半島では、17世紀中頃にブドウ畑が拓かれ、フランスなどヨーロッパの国々から運び込まれたヴィニフェラ種の挿し木が栽培されていた。17世紀に開墾されたコンスタンシアの畑でつくられるワインは、フランスやドイツの最高級ワインに勝るとも劣らないと言われたこともある歴史あるワインだ。マスカットの香りの濃厚なデザート・ワインは、ヨーロッパの王侯貴族によなく愛された。

20世紀初頭、南アフリカのワインは供給過剰に陥った。そこで南アフリカ醸造者協働連合組合（KWV）が設立され、KWVは供給過剰の解決策として、ブランデーの原料となるワインや、アルコールを足して増強するデザート・ワインの製造を奨励した。

アパルトヘイトの時代［1948～94］、南アフリカは経済制裁の対象となり、世界市場から孤立したが、1980年代後半から90年代にやっと復活の兆しが見えてきて、南アフリカのワイン産業は往時の勢いを取り戻しはじめた。シラーズ、カベルネ・ソーヴィニョン、シュナン・ブラン、ソーヴィニョン・ブランなどの上質なブドウ品種があらたに植えられる一方で、KWVは民営化され、健全な輸出市場が確立された。

こんにち南アフリカは、高級かつ高品質、優秀で刺激的なバライエタル・ワイン［単一ブドウ品種のワイン］を幅広くつくっている。西ケープ州のブドウ畑をはじめ、ワインの生産地は観光用にしっかり整備されている。世界でも有数のホスピタリティあふれる生産地と言えよう。

●小アジア、中東、北アフリカ

コーカサス山脈南麓のどこか奥まったところ、黒海とカスピ海に挟まれたあたりでワインづくりの歴史ははじまった。新石器時代の人類はこの地でヴィニフェラ種の栽培化［野生種から人間に好ましい形質に関する選抜を繰り返して新しい種をつくること］に成功し、ブドウ畑を開墾し、世界で最

ワイン発祥の地とされるジョージアでは、文字通り数千年前からの方法を踏襲して、いまもワインをテラコッタの壺で醗酵させている（地中に埋める場合もある）。

初のワインをつくった。灌漑用水路や地下貯蔵室、ワインの醗酵や貯蔵用の土器、労働の果実を味わうための美しい装飾が施された酒杯などの遺跡や遺物は、私たちの祖先の生活が非常に洗練されたものであったことを物語っている。

商業的には比較的小規模だが、アゼルバイジャンとアルメニアではいまもブドウの栽培が続けられており、種類豊富なそのワインはとくにロシアで人気がある。ジョージア［旧国名グルジア］のワイン産業はこれよりずっと発達している。かつてソビエト連邦の一部だったこの独立共和国には、何世紀も続くワインの文化がある。ソ連に支配されていた時代のジョージアは、ロシア人の渇きを癒やすために大量のワインを供給していた。かつての国営企業はもはやないが、民間企業がかなり参入しているため強固なワイン文化は健在だ。ジョージアではいまも500種類ほどの土着種が栽培されているという。ジョージア・ワインの中には、国際的な嗜好にいっさい妥協せず、小さな規模で数百年前から変わらない伝統的な方法でつくられているものもある。一部の白ワインは、いまでも土製のアンフォラで醱酵させている。昔ながらの方法で酸化したワインの味は、かつて私たちの先祖が飲んでいたワインの味とどこか似ているに違いない。

ワインはコーカサス山脈南麓からレバント地方と地中海地方へ伝わった。ブドウはたしかに聖書に記されている聖地に広く植えられていた。ワインをつくった最初の人間はノアに違いないと言うのなら、ブドウは天地創造の頃からこの地で栽培されていたことになる。確実に言えるのは、現在のイスラエルと隣国レバノンがあるあたりのほぼ理想的な環境で、ブドウはたわわに実をつけ、ワ

聖地（パレスチナ）は、昔からブドウ栽培に適した場所だった。現在、イスラエルのブドウ畑では、日常消費用のワインとキドゥーシュという儀式用のワインの両方をつくっている。

インが文字通り数千年間つくられてきたということだ。

言うまでもなく、ワインはユダヤ人の文化と宗教に欠かせない重要なものである。安息日には家族全員でキドゥーシュという神を賛美する祈りを唱えてからワインを飲む。このようにワインはユダヤ人の生活の一部になっている。しかし、イスラエル産のワインが、すべてコーシャワイン［ユダヤ教の教えに従ってつくられているワイン］とはかぎらない。ガリラヤのような標高の高い場所に拓かれたブドウ畑にはカベルネ・ソーヴィニョン、メルロー、ソーヴィニョン・ブラン、シャルドネといった国際的なブドウ品種が植えられており、イスラエルでも良質なテーブルワインが生産できることを実証しつつある。

レバノンも古代からワインをつくり続けている国である。そのワインづくりの歴史は古く、そして興味深い。ブドウの苗木を船に積んで地中海を横断した古代の海洋商人フェニキア人の本拠地は、現在のレバノンにあった。古代ギリシア人やローマ人はカナン［現在のパレスチナ地方］やベッカー高原［レバノン山脈とアンチレバノン山脈の間に広がる高原］のワインを高く評価していた。オスマン帝国に支配されて酒の製造が禁止されていたときも、キリスト教徒たちは「宗教的な目的」のためにワインをつくる特別な許可をもらっていた。

第一次世界大戦後にレバノンはフランスの委任統治下に入り、１９４３年、最終的に独立を果たすが、その期間にフランス人は首都ベイルートに繁栄と洗練されたコスモポリタニズム的な生活様式をもたらした。そのひとつ、ワインを飲む文化にレバノンは活気づいた。数千年前から耕されてきたベッカー高原のブドウ畑は国内消費用だけでなく輸出用のワインも供給することができた。独立、内戦、現在も続くイスラエルとの紛争、その間もフランスの影響を受けたブドウ畑（シャトー・ミュザールが有名だ）は逆境と戦い続け、世界最古のブドウ畑のひとつで伝統的なブドウ品種から最高級のワインを生産している。

フランス人がレバノンのワイン醸造家を活気づけたと言うなら、北アフリカのワイン産業に与えた影響はそれ以上だった。ブドウは古代には北アフリカ全域に生育していたが、ブドウ栽培が復活したのは19世紀に入ってからだ。ブドウ畑が拓かれたのは、当時ヨーロッパを襲ったフィロキセラへの対策のためでもあった。当時フランスの植民地だったアルジェリアにブドウ畑が開墾された。アルジェリアは、アルコール度数が高く色鮮やかなワインを潤沢に供給するようになり、こうしたワインが、本国フランスの混合樽に紛れ込んでさえないヴィンテージを増強するようになった。ブルゴーニュ産のような一流のワインでさえ、こうした暑い国のワインを足して色やアルコールを増強していたという――もちろん、こういった不埒な行ないへの規制がいまよりずっとゆるかった時代の話だ。だが、１９６２年の独立と同時にアルジェリアのワイン産業は大きく傾き、いまも完全に立ち直ってはいない。

モロッコも、アルジェリアと同じくフランスの旧植民地であり、かつては（とくに１９５０年代から60年代にかけて）ワイン産業がさかんだった。独立によっていちばんの得意先を失い、ブドウ畑があった地域はまたたく間にさびれた。アルジェリアにもモロッコにもフランスのアペラシオ

中国、青島市、華島シャトーのブドウ畑。中国はいまのところ主要なワイン生産国として認知されていないが、1980年代以降、ブドウ畑が続々とつくられている。現在はワインの品質も向上して、おもに国内で消費されている。

ン・ドリジーヌ・コントロレ（生産地呼称統制）をひな形とした分類システムがある。

◉アジア

アジアの広大な大陸はこれまでヴィニフェラ種を原料とするワインの本格的な産地とは考えられていなかった。しかし、その認識はじきにあらためられるに違いない。アジアの国々が経済大国として台頭するにつれて、ワインを愛飲するあらたな世代も誕生している。熱心な消費者はワインについて勉強したり味見をしたり、ワインを飲んだり買ったりすることに貪欲だ。中国、日本、韓国、インドネシア、タイ、ベトナム、台湾、インドなどのアジア諸国は、世界中のワイン生産者にとってもっとも重要な新興市場である。

中国は世界一人口の多い国であり、数十年

後には世界最大のワイン市場になると言われている。経済成長に伴ってヨーロッパ産ワインへの需要が生じているからだ。この需要に応えるために、１９８０年代から中国国内でもワイン用ブドウの栽培が行なわれるようになった。近い将来、中国は質と量を兼ね備えた世界有数のワインの生産地となるだろう。王朝（フランスのレミーマルタン社との合弁会社）や長城葡萄酒有限公司などの大規模で評判のよいブランドもある。長城葡萄酒有限公司は１００種類以上のワインを製造しており、現在そのほとんどが中国国内で消費されている。中国経済は成長を続け、欧米風の生活用品は相変らずステータスシンボルであるため、ワインの消費量と生産量は指数関数的に伸び続けるだろう。あらたなワインのブランドも続々と立ち上げられ、海外市場に進出するだろう。

インドでもワイン人口は急増中だ。ここでも、増加の一途をたどる需要に応えるためにブドウ畑が開墾されている。シャルドネ、カベルネ・ソーヴィニョン、メルローなどのヴィニフェラ種からつくられるテーブルワインは、ワインを好む若い中産階級の間で好評だ。バンガロール近郊のグローバー・ヴィンヤーズは、国内市場でも海外市場でも評判のよいワインを産する、インドを代表するワイン製造会社だ。インデージ、スラ、ヴィンスラ、ルネサンス、これらの企業もみな前途有望である。インドのワインは、右肩上がりで増え続けるスパークリング・ワインをはじめ、世界中のインド料理店で提供されており、好評を博している。

現代の科学技術によって（何といっても温度調節が可能なステンレスの容器で醱酵が行なえるようになったことが大きい）、以前なら暑過ぎると言われていた土地でおいしいワインがつくれるようになった。おそらくあと数年か数十年で、中国やインド以外のアジアの国もワインの本格的な生産地として認知されるようになるだろう。

第5章 ◉ ワインをつくる

ワインの性格と品質は、原料となるブドウの品質だけでなく、関連するさまざまな要因によって決定される。ブドウの品種、テロワール、収穫量、収穫の瞬間までの天気や雨量の違い、一年を通したワインづくりのプロセスで下される重大な決定。こうしたあらゆる要因が総合されて、そのワインが、たんにおいしいワインになるか、絶品のワインになるかが決まるのだろう。

このユニークな農産物の創造の土台となっているのが、ブドウを保存の効くアルコール飲料に変える工程だ。ブドウをワインに変えるという行為には、数百年前からほとんど変わらない非常に基本的な部分と、人類の驚異的な創意と創造性が複雑に絡み合った部分とがある。

たしかに、ブドウの品種そのものに次いで、ワインのスタイルや品質の決め手となる最大の要因は、新鮮なブドウを処理してワインに変えるために、ブドウ畑や貯蔵室でどんな決定をくだすかという、人間が関与する部分である。

◉ワインづくりの技術

基本的には、大昔とほとんど変わらない方法でワインをつくることもできる。ブドウを手で摘み、ワインをつくる施設に運び、圧搾して醗酵用容器に入れる。ブドウの実の皮についている自然の酵母菌がブドウ糖を食べ出すと醗酵がはじまり、ブドウ糖が尽きるか、アルコール度数が酵母菌を殺すほど高くなる（通常は15パーセントか16パーセント程度）まで続く。

新石器時代の私たちの先祖は、こうした基本的なプロセスに従ってワインをつくっていた。おそらく早い段階で明らかになったと思うが、人間の足はブドウをやさしく、だが効果的に押しつぶすのにもってこいのツールだった。世界中で近代的な技術が利用されている中で、いまも足でブドウを踏みつぶしている生産地がある。有名なのはポルトガルのアッパードウロで、ポートワイン用のブドウ畑では毎年恒例の儀式として、民族音楽のリズムに合わせて男女が裸足でブドウを踏みつぶしている。これはたんに牧歌的な風習というだけではない。足で踏むやり方はいまでも果汁をしぼり出す最良の方法のひとつなのだ。ブドウの皮をやさしく押しつぶすため、ブドウの種子を傷つけずに済み、苦味や不快な味を抑えて色や味の成分を最大限に引き出すことができる。

ワインをシステマチックかつ確実につくる方法が発見されたのは新石器時代である。ワインの進歩だけでなく、人類の歴史や文明そのものの進化にも影響を与えた技術的躍進の時代だった。土を火で焼いて土器をつくれるようになった、すなわち液体がたっぷり入る容器をつくれるようになったことは、ワインづくりの進歩を可能にする重大な技術的成果だった。古代世界ではこういった土器が、ワインの醱酵や貯蔵や運搬に利用されていた。興味深いことに、ワイン発祥の地と言われるコーカサス南麓（ジョージア）では、いまも地中に埋めた土器の壺でワインを醱酵させている。8000年前とほとんど変わらないやり方だ。

ワインづくりがはじまった頃から、古代の人々は知恵をしぼってワインづくりの技術を向上させてきた。古代エジプトの記録からは、2本の棒に袋を吊るして、ブドウ果汁を搾った後の果肉や果皮をその袋に入れてから棒をひねり、残った果汁をしぼり出して下に置いた壺で受けるという単純だが効率のよい仕掛けがあったことがわかる。ほかにも酸化を防いで長期保存できるように醱酵が完了したワインの壺に粘土で封をしたという記録がある。

先に紹介した通り、イタリアのオルヴィエートなどのワインの生産地でいまも現役で活躍中のエトルリア時代の貯蔵庫は、地下の涼しい温度を活かした複雑でよく考えられたシステムが存在したことを実証している。現代のワイン生産者たちは、この天然の温度管理システムを再現するために温度調節可能なステンレスの醱酵容器を利用しているわけだが、それにはどれだけ費用がかかっていることか。

そのほかにもさまざまな技術の進歩がワインの進化を支えていた。たとえば、古代ローマ人はワイン用容器として3世紀頃にガリアからもたらされた木の樽をアンフォラの代わりに使うようになった。火であぶってたわめた板でできた、水を漏らさない容器をつくる技術は、おそらくそれより何百年も前に完成されていたのだろう。樽はアンフォラより安価で頑丈だった。壊れても修理が可能で輸送も比較的楽だった。木の樽はワインの貯蔵と輸送以外の用途にも使われるようになった。腕のよい職人がその技術を応用してつくった大型の樽や桶で醱酵も行なわれるようになった。

木の樽は、当初は貯蔵や輸送用の容器として、あるいは醱酵用容器として使われていたが、あるとき思いがけないことが起きた。木の樽の微細な孔を通して樽の中のワインが少しずつ酸素と結びつき、長い歳月の間にまろやかでおいしくなっていたのだ。もうひとつよいことがあった。木の中でもとくに伐採したばかりのオークがワインに与える香りや味は、ブドウ本来の味や香りとは異質であったにも関わらず好ましく思えた。実際、フランスのオークの新樽から得られる、華やかなバニラのような風味は、ワインそのものに欠かせない成分と考えられるようになった。そして現代でも、ワインにオークの香りをつけるために——醱酵はステンレスの容器で行なうにせよ——熟成させるときはオークの新樽に移したり、巨大なティーバッグ状の袋に入ったオークのチップをワインに浸したり、ステンレスの容器にオークの板を差し込んだりしている。

ガラス瓶の製造も、ワインの歴史で重要な役割を演じた発明のひとつだ。アンフォラや木の樽にはワインをたっぷり入れておくことはできたが、テーブルのグラスにじかに注ぐには不便だった。これらの容器は厄介に大きいだけでなく、中に入っているワインも、すぐに飲まないとたちまち酸化して酢になり、使いものにならなくなるものだった。

ローマ人はガラス瓶をつくる技術を完成させていたので、ワインを貯蔵するときや食卓に出すと

古代ローマの両手つきワインの瓶。紀元70 ～ 150年のもの。

きはガラス瓶を利用していただろう（ドイツのシュパイアーの博物館には古代のワインが入ったローマ時代の瓶がある）。しかしワインは通常、アンフォラから装飾が施された陶製のワイン用容器に移し替えられていた。ヨーロッパでは中世からルネサンスにかけて、食卓にワインを出すときは陶器や炻器《せっき》［陶器と磁器の中間的な焼き物］に入れて出していた。16世紀になってようやくヴェネツィア人がガラスづくりの技法を完成させて、ガラスのデキャンタをつくりはじめた。

　ただし手吹きガラスの瓶が商業規模で生産されるようになったのは17世紀になってからだ。瓶はひとつひとつ息を吹きこんでつくるため形も大きさもまちまちで、容量も統一されていなかった。瓶は口の形にぴったり合うように削ったガラスの栓で蓋をする場合も多かった。デキャンタのガラスの栓のような蓋は19世紀になっても使われ続けていたが、天然のコルクの発見（もしくは再発見）によって、もっとも効果的かつ経済的に瓶に封をする方法が開発された。

ワインをガラスの瓶に入れてコルクで封ができるようになったことは、ワインの進化における大転換点だった。極上のワインを長期間寝かせておくとおいしくなることは古くから知られていたが、それまで熟成はアンフォラか木の大樽で行われていた。コルクで密閉した瓶を横に寝かせておくことによって、ヴィンテージ・ポートや、ボルドーやブルゴーニュといったタンニンなどの保存成分をたっぷり含んだ上等なワインを何年も（ときには何百年も）瓶で熟成させてゆっくりと風味を豊かにすることができるようになった。シャンパンについても、瓶をコルクで密閉してからコルクを紐か針金で固定して瓶内2次醗酵が完璧に行なえるようになったおかげで、世にも偉大なスパークリング・ワインが誕生したのである。

以上の例に明らかなように、技術的進歩はワインの品質向上だけでなく、さまざまな種類のワインの創造と進化をもたらした。

ただし木やコンクリートや陶器の醗酵用容器の代わりに温度調節可能なステンレス醗酵用容器が導入されたり、コルクに代わってステルヴァン（スクリューキャップ）やプラスチックの栓が、ガラス瓶に代わって紙パックや紙ボトルなどが使われるようになったりしたのは——つまりワインづ

スパークリング・ワインの創造は、瓶内の相当の圧力にも粉々にならずにもちこたえられる瓶がつくられるようになってはじめて実現した。はじめは瓶にコルクで封をして紐で縛りつけていた。

くりの伝統的な方法にあらたな技術が取って代わったのは、ここ数十年の話なのである。

◉ルイ・パスツール

私たちの祖先がワインづくりの原理の多くを心得ていたにせよ、現代のように、ワインづくりが本物の科学になるには、ルイ・パスツール［1822〜1895］の研究を待たなくてはならなかった。19世紀中頃に行なわれた醱酵に関する画期的な研究を通して、パスツールは、糖をアルコールに変えるプロセスに微生物が関与していることをつきとめ、有害な微生物を寄せつけない必要があることを証明した。私たちの祖先は、ワインが酸化して酢になるのを予防するために、衛生状態に気をつけたり気密性の高い容器に入れたりしなくてはならないことは理解していた。しかし、パスツールの時代が来るまで、一定の時間が過ぎるとワインが（ビールや牛乳も）酸化してしまうことは、経済にも打撃を与える深刻な問題だった。生物学者で化学者でもあったパスツールが厳密で科学的な実験を行なって、はじめて醱酵の基本が化学的にも生物学的にも根本的に理解されるようになった。パスツールはワインの謎を理解可能なものとし、いまでも近代的なワイン生産の土台となっている科学的な手順を定めた。

◉現代のワインづくり

それでは、こんにちワインはどうやってつくられているのだろう？　昔もいまも、ワインづくりはブドウ畑ではじまる。果糖をたっぷり含み、酸味とバランスが取れた、味が凝縮されたブドウ——すなわちよいワインの原料——をつくるには、ブドウ畑での丁寧な観察、注意深い作業、的確な判断が欠かせない。ブドウの品種（さらに下位の品種）、土壌、微細気候、テロワール、一年のここぞという大事な瞬間の気候条件、整枝の方法、害虫駆除や病気予防の方法、果樹本体と結実の質を高めるために行なう剪定《せんてい》、収穫のタイミング。これらは、高い質のワインをつくるために下さなくてはならないさまざまな決断の一部である。

果実の収穫後も、さらに多くの要因や決断の善し悪しがワインの出来に影響を及ぼす。もちろん、白ワイン、ロゼワイン、赤ワイン、スパークリング・ワイン、デザート・ワイン、酒精強化ワインなど、現代の主要なワインの製造法にはおおまかな設計図がある。

ブドウ畑からワインの製造施設に到着したブドウは、どのスタイルのワインになるにせよ、まずはたいてい除梗《じょこう》・破砕機に入れられ、果粒と梗《こう》［硬い枝］に分けられ、果粒はそっと［果皮が破れるくらいの強さで］つぶされ、果汁がしぼられる（例外として、ボジョレー・ヌーヴォーのようにブドウを房ごと醱酵させるものもある）。

●白ワイン

現代の白ワインは、ブドウを破砕したときに放出されるマスト［繊維、皮、種子を含む果汁］を醱酵させたものである。ただし白ワインは赤ワインと違って、ふつうは皮と種子をとりのぞいてから醗酵させる（より強い味と性格を引き出すために、数時間果汁を果皮に漬け込んで味を染み込ませる場合もある）。

まず、破砕された果粒は圧搾される。現代のワイナリーでは、果皮や種子から出る、雑味、苦味、タンニンを抽出してしまわないように、果汁をやさしくしぼり出せる水平式圧搾機を使っているところが多い。マストは、固形物がすべて取り除かれたのちに醗酵用容器に移される（醗酵用容器は、ステンレス製、コンクリート製、ガラス繊維製、木製のものがある）。安定した醗酵を実現するために培養酵母を足す生産者もいれば、ブドウの表皮に付着しているかワイナリーの中にいる野生酵母による醗酵で十分であり、そのほうが好ましいと考える生産者もいる。近代的なワイナリーでは、消毒が楽で温度を調節して醗酵を行なえるステンレスの容器を採用しているところが多い。白ワインの製造には醗酵中の温度管理がとくに重要だ。低温で醗酵させ、フルーティで香りがよくてみずみずしい、とてもすっきりとした白ワインになる。

醗酵容器には、コンクリート製のものも木の大樽もガラス繊維製のものもある。白ワインの中には樽熟成させるものもある。その場合は、マストを２２５リットル入りの樽で醗酵させてそのまま静かに熟成させる。醗酵が終わると澱が沈殿する。しっかりとした骨格と凝縮感をもつ白ワインを樽熟成させると、よりふくよかで豊かな味わいが生まれ、さらに新樽のまろやかなバニラの風味が加わる。

ここ数十年で、もっとも重大な技術の進歩のひとつが、温度調節できるステンレスの醱酵槽が広く装備されるようになったことだ。これによって、暑い気候の地域でもワインがつくれるようになり、ワイン生産者たちは、無数の、また、ときにまったく予想外の不確定要素をより的確にコントロールできるようになった。

◉赤ワイン

一方、赤ワイン用のブドウは、除梗と破砕が済んだら、通常は果皮や種子ごとすべてポンプでくみ上げて醱酵用の容器や桶に移す。果皮、種子などの固形物があるからこそ、赤ワインは鮮やかな赤色になる。また、これらの固形物に含まれるタンニンやその他の成分のおかげでワインの長期保存が可能になり、年を経るごとにワインはおいしくなり深みが増す。醱酵の過程で醱酵槽の表面に大量の果皮が自然と浮きあがってくるので［浮き上がった大量の果皮を「果帽」と言う］、醱酵液にしっかり浸かるように何度も上下を撹拌して染み込ませる。こうすることで、色やタンニンや風味成分をよりしっかりと抽出できる。1次醱酵の間はこの撹拌作業を1日に3回も行なわなくてはならないそうだ。

1次醱酵が完了し、果皮や種子が醱酵液にしっかり浸かったと判断できたら、それらの固形物を濾す作業に入る。まず、醱酵槽の底から醱酵液を引き抜く（これを「引き抜き酒」と言う）。次に、残った果皮や種子を圧搾機でしぼる（これを「圧搾酒」と言う）。圧搾酒は、当然、引き抜き酒より雑味が多く、タンニンが豊富である。

ほとんどの赤ワインは、ばたばたと騒々しい1次醱酵が完了したら、続いて2次醱酵に入る。こちらはマウラクティック醱酵といって、雑味の強いリンゴ酸を口あたりのよい乳酸に変える細菌醱酵だ。白ワインでもこの自然のプロセスが生じる場合があるが、白ワインはきりっとした爽やか

ブルゴーニュのような、歴史のある由緒正しいワインの生産地では、ワインづくりの伝統がいまも生きている。ブルゴーニュのシルキーな赤ワインは、オークの樽で熟成させている。そうすることによって、より複雑な味としっかりとした骨格が生じる。

さを残すことが求められるので、リンゴ酸のすがすがしい味と香りを保つために2次醗酵はさせない。引き抜き酒と圧搾酒は2次醗酵以降は別々となるが、その後ブレンドされることもある。圧搾された果皮や種子などのしぼりかすは、マールやグラッパなど、アルコール度数の高い蒸留酒になる［いずれもブランデーの一種。マールはフランス、グラッパはイタリアの蒸留酒］。

つくりたてを新鮮なうちに飲んでもらうことを想定した安価で日常的な赤ワインは、澱引《おりび》きされたら、つまり澱やカスを取り除かれたら、清潔な容器に移され、化学反応が起きないステンレスなどのタンクに保存される。ワインは瓶詰めされる前にかならず濾過される。固形物を沈殿させてからフィルターで濾し、不純物や細かい固形物をできるだけ取り除いて瓶に詰める。

高級な赤ワインは、木の樽——伝統的な古い木の大樽（通常ワインに木の香りは移らない）や、もっと小さいフランス産かアメリカ産のオークの新樽や、新樽に近い状態の樽――で、さらに熟成させる。オークの産地はワインの味や性格に影響する。アメリカのオークとフランスのオークでは、ワインに与える性格がまったく違う。同じフランスのオークでも、北東部のアルザス＝ロレーヌ地方にまたがるヴォージュ産のもの、中南部のリムーザン産のもの、北東部のブルゴーニュに近いヌヴェール、アリエ、トロンセ産のものといった具合に、異なる森で採れたオークの樽はそれぞれ違う個性を発揮する。樽をつくるときにどの程度トースト［樽の内側に焼を入れること。樽板が曲がりやすくなる］するかでさえ、樽がワインに与える性格に大きな意味をもつことがある。樽の中で熟成させる期間は、たんに雑味を完全に取り除くために1～2か月だけの場合もあれば、2～3年かそれ以上熟成させる場合もある。

以上、赤ワインの製造方法の基本をざっと説明したが、ほかにたくさんのバリエーションがある。たとえば、カーボニック・マセレーション［マセラシオン・カルボニックとも言う］という方法では、ブドウを除梗・破砕せず、房ごと密閉された醱酵槽に入れて醱酵させる。この製法からは、非常にみずみずしいフルーティなワインができるので、早飲みタイプのワインをつくるときに利用される［代表的なものがボジョレー・ヌーヴォー］。

●ロゼワイン

ロゼワインは最近人気が出たワインだ。ロゼの色は、ごく淡いピンクから赤ワインとほとんど変わらない非常に濃い赤まで幅広い。ほとんどのブドウの果肉は、ほぼ透明な淡い色をしている。ワインの色は果皮が果汁に浸かることによって生じるが、このプロセスによって、色だけでなくタンニンやその他の風味成分も抽出される。最高級のロゼワインは次のような方法でつくられる。破砕して圧搾した果汁に果皮を浸漬させ、果汁が好ましい色になったら果汁を引き抜いて白ワインと同じ方法で醱酵させる。

◉スパークリング・ワイン

すべてのワインは、醱酵の副産物として二酸化炭素を発生する。スパークリング・ワインは、ワインに溶け込んだこのガスをさまざまな方法でつかまえている。ガスのつかまえ方には、創意あふれるたくさんの方法がある。スパークリング・ワインづくりの大前提が、瓶の中の圧力が相当高くなっても粉々にならない頑丈な瓶だ。最初の頃は、瓶が割れてあたり一面に飛び散ったこともあったに違いないが、危険を冒す価値がたしかにあったことは立証済みだ。

スパークリング・ワインをつくる伝統的な、そしてもっとも骨の折れる方法が瓶内2次醱酵だ。シャンパン、イタリアのフランチャコルタ、スペインのカバ、その他の地域では、たとえばイギリスのスパークリング・ワイン（数々の賞を獲得している）といった、世界の代表的なスパークリング・ワインの多くがこの方法を採用している。つくり方を簡単に説明しよう。まず、ベースとなるスティルワインをつくる。シャンパンの場合はピノ・ノワール、シャルドネ、ピノ・ムニエをアッサンブラージュ［ブレンド］して伝統的なキュベをつくる。このスティルワインを瓶に入れてから酵母と糖を加え、栓をして密閉する。すると瓶の中で2次醱酵がはじまる（シャンパンづくりがはじまった頃は、コルクが押し出されてしまわないように紐で縛りつけていた。こんにちでは一般的に王冠栓が利用されている）。酵母は、瓶の中の糖を食べて二酸化炭素を発生し、これがワインに溶けて発泡性のワインとなる。2次醱酵の望ましい副産物が泡であるなら、望ましくない副産物は醱酵の後に残る酵母の澱だ。透明感のあるスパークリング・ワインに仕上げるにはこの澱を取り除かなくてはならない。

この頑固な澱は、瓶の首の部分にするすると集まってくれたりはしない。何日も何週間もかけてじりじり寄せていく必要がある。やり方は2通りあって、ピュピトルという専用の棚に、瓶の口の部分を下にして差し込み一本ずつ手で回す方法と、瓶を乗せた台ごと回転させる機械を使って、水平に近い状態からより垂直になるように、瓶を少しずつ傾けていく方法だ。やがて酵母の澱はなだめすかされて、ほぼ逆さまになった瓶の首の部分に溜まる。最後に瓶の首の部分を澱ごと凍らせてから王冠栓を外すと、瓶の中の圧力によって酵母の澱が入ったワインの氷塊が飛び出すので、今度は瓶の口を上にしてシロップを補充する（シロップの量はスパークリング・ワインの種類によって異なる）。最後に仕上げのコルクで瓶に封をして、コルクが飛び出さないように針金で固定して瓶の首の部分を美しく包む。

この伝統的な方法は費用がかかるし相当骨も折れる。しかし、こうしてつくられたスパークリング・ワインは、持続性のあるきめ細かい泡と繊細な風味をもつ極上のワインだ。これよりずっとお金をかけずにスパークリング・ワインをつくる方法は、キュベ・クローズ式と呼ばれている。キュベ・クローズとは、密閉して圧力をかけ続けることのできる巨大なタンクのことである。つまり2次醱酵を瓶ではなくタンクで行なう。タンクが密封されているために二酸化炭素がワインに溶け込んだ状態が保たれる。2次醱酵が完了すると、ワインは、圧力のかかっているタンクから瓶詰めラインに直接汲みあげられる。タンクの底に残った酵母の澱は、ワインを移してから取り除く。一言お断りしておこう。こういった方法はたんに製造コストの節約になるだけではない。キュベ・クローズ式でつくられたスパークリング・ワイン（たとえば、ヴェネツィアの北に位置するヴァルドッビアーデネやコネリアーノといった伝統的なワインの原産地でつくられているプロセッコ）には、とびきり魅力的な若々しいみずみずしさと快活さが保たれている。

◉デザート・ワイン

たったひとつの農作物から、多種多様なスタイルやタイプの飲みものをつくり出す人間の創意工夫の才には驚嘆せずにいられない。さて、今度は灰色カビ病（ボトリチス・シネレア）に感染したブドウから、甘いデザート・ワインがどうやってつくられるのかを見てみよう。灰色カビ病に感染したブドウは、干しブドウのようにしなびて醜い灰色のカビに覆われる。ボトリチスは、ある一定の風土の下で、ある一定の微細気候がそろわないと発生しないので、毎年必ず発生するわけではないが、カビが付着したブドウからはまるで夢のような甘いデザート・ワインができる。菌によって果実の中の果汁が凝縮され、一度飲んだら病みつきになること間違いなしのハチミツのような甘い味と香りが生じるのだ。ボルドー近郊のソーテルヌ地区で栽培されているセミヨン、ロワール渓谷のシュナン・ブラン、ドイツのモーゼル川やライン川流域のリースリング、オーストリアの霧深いノイジードル湖のヴェルシュリースリング、いずれのブドウ種を原料とするのであれ、これらのデザート・ワインは間違いなく、世界でもっともすばらしい、もっともユニークなワインである。

このほかにも、古代ギリシアあるいはそれ以前から現代に伝わる、セミドライのブドウを使った甘いワインのつくり方がある。ブドウを収穫して天日にさらすか、風通しのよい場所で陰干しして乾燥させるとブドウはしなびるが、水分を失う過程でブドウ糖が凝縮されて味と香りが強まる。ヴィン・サント、ジビッボ・ディ・パンテッレリーア、レチョート・ディ・ソアヴェ——パッシートと呼ばれるこれらのワインには古代の先祖がいるということだ。いま私たちがこの甘いワインに舌鼓をうつように、私たちの祖先も彼らの先祖に舌鼓をうったのだろう。

◉酒精強化ワイン

保存が効いて最後までおいしく飲めるワインをつくりたい。それは、ワインの生産者にとって長年にわたる最大の課題だった。そう考えると、古くから世界最高のワインと言われてきたもの——ボルドー、ブルゴーニュ、ローヌ渓谷のワイン、ソーテルヌ、ロワール渓谷、ドイツの甘いワイン、

ヴィン・サントは、セミドライ状になるまで乾燥させたブドウからつくられるイタリア中部の伝統的なデザート・ワイン。乾燥させることでブドウ糖を凝縮させ、同時に味と香りを増強する。小さな樽に入れ、夏の暑熱と冬の寒気にさらして醱酵させたワインは、神々しいほどに味わい深い。

イタリアのブルネッロ・ディ・モンタルチーノやバローロのような重厚なワインなど――が、何年も何十年も保存の効くワインであることは偶然ではない。これらの偉大なワインには一般にアルコールとタンニンと酸味がたっぷり含まれているため、長期間保存することができる。さらにこれらの成分のおかげで樽や瓶の中で数十年間――ときにはもっと長い時間を――かけておいしくなっていく。

ワインを安定させ、しかもワインの保存と輸送まで簡単になる方法はほかにもある。酒精強化といって、ワインあるいは醗酵途中のマストに蒸留酒を混ぜてワインをより濃厚にする方法だ。ポルトガルのアッパードウロでは豊かな香りと味をもつ醗酵途中のワインにブランデーを足して強化したところ、長期間の船旅にもいたまずに耐えられるワインができた。おまけにこうしたワインにはワイン本来の甘さが残っていただけでなく、足された蒸留酒から力強さや炎のような輝き、そして官能的な舌触りと滑らかさを得ていた。また、瓶や樽の中で何十年も熟成させることができた。こうしたワインはこくがあって、体と心を温めてくれるワインの人気が高いヨーロッパの北の国々でとくに人気だった。ポートワインにはたくさんのスタイルがある。ホワイト・ポート［白ブドウが原料。中甘口。おもに食前酒として飲まれる］、若々しくフレッシュなルビー・ポート［黒ブドウが原料。3年間樽熟成させたもの］、トゥニー・ポート［ルビー・ポートをさらに熟成させたもの。美しい黄褐色をしている］、そして、ポートワインの頂点に君臨するヴィンテージ・ポート。ヴィンテージ・ポートは、とくに作柄のよい年にのみその年のブドウだけでつくる最高級品である。2～3年樽熟成させた後で10年から50年かけて瓶熟成させる。

シェリーも歴史ある酒精強化ワインの仲間だ。最初はおもに北ヨーロッパの市場向けに生産されていたが、現在は世界中に輸出されている。シェリーは、ソレラシステムといってワインを少量ずつブレンドする独創的な方法でつくられている。ソレラシステムでは、いちばん古い樽から何分の一かワインを抜いたら、次に古い樽から同じ量を補塡し、それをその次に古い樽から補塡するといった作業をいちばん新しい年の樽まで繰り返していく。シェリー酒にもさまざまなスタイルがある。淡い金色で超辛口のフィノ、マンサニーリャ、琥珀色で辛口かやや辛口のアモンティリャード、マホガニー色で辛口から極甘口まであるオロロソとクリーム、きわめつけは天日に干したペドロ・ヒメネス種のブドウからつくられる濃褐色で超甘口のペドロ・ヒメネスだ。いずれも、年代物のワインの性格とつくりたてのワインのみずみずしさを両方感じさせる複雑な味わいをもつ。

地元消費用ではなく輸出市場向けに開発された歴史的な酒精強化ワインには、そのほかにシチリア島西海岸のマルサラやマラガ（山のワインとも言われる）、北大西洋上のマデイラ諸島のマデイラ、ハーブと植物と香味料で香りづけしたベルモット、醱酵途中のワインにブランデーを足して強化したフランスのヴァン・ドゥー・ナチュレルなどがある。

●ヴィンテージ

すべてとは言わないが、ほとんどのワインは単一収穫年のブドウだけでつくられる。例外はある。ノン・ヴィンテージのシャンパンは、生産者の一貫したスタイルを守るために保存されているリザーブ・ワインと、その年に収穫されたブドウを醱酵させたワインを慎重にブレンドしてつくられる。酒精強化ワイン（ただし、ヴィンテージ・ポートのような例外もある）もほとんどが複数の年のワインをブレンドしている。たとえばシェリー酒のソレラシステムの場合、100年前のソレラからつくられたものであれば、完成したシェリーの中には100年前のワインが少なくとも何パーセントか含まれていることになる。

とはいえ、テーブルワインの瓶のラベルには通常はブドウが収穫された年、つまりヴィンテージが記されている。温度、降水量、雹《ひょう》（ブドウが全滅してしまうことだってある）、開花時期の霜や雨、冬の間に下層土に溜まる湿気、こうした気候条件が年によってかなりばらつきがあるのは自然の摂理である。こうした要素はその年に収穫されるブドウの量にも質にも重大な影響を及ぼすことがあり、その結果、ある年のワインと翌年のワインにははっきりとした違いが生じる。

一般に、とても評判のよい年（ヴィンテージ）には、砂糖や酸味やタンニンなどの成分のバランスが最高に整ったブドウが採れるため、熟成させるにつれて味がどんどんよくなっていく可能性のあるワインができる。投資家たちが何より評価するのはこういったヴィンテージで、そのワインが、瓶の中でどんどんおいしくなっていくだけでなく金銭的価値も上がる可能性が高いからだ。

しかしヴィンテージのワインが、いわゆるあまり出来のよくない年のワイン（こちらにはこちらの楽しみ方がある）に比べて「よい」のかと言えば、必ずしもそうではないことをお断りしておこう。それほど評判でない年のワインは、いわゆる偉大なヴィンテージのワインよりも飲み頃が早いことが多く、さらにうれしいことに値段も手頃なことが多い。

ヴィンテージはそれぞれユニークなものであり、そのようなものとして考えるべきである。世界各地の産地についてヴィンテージの一覧が出回っているが、こういったものは非常に大雑把な手がかりにしかならないことを心得ておこう。ある特定のブドウ畑、ある特定の地域の中にも、必ず違いはある。狭い地域の中で気候条件が異なる場合もあるが、それ以上に重要なのが、ブドウ畑で働く人間がそれぞれの時期に現場で下す判断だ。どの土地でワインがつくられるにせよ、人間の判断も同じくらいワインの品質に重大な影響を及ぼすだろう。

第6章 ◉ ワインの未来

人類が創造したあらゆる飲みものの中でもワインは別格である。ワインは気分を高揚させてくれる。体に栄養を、心に活力を与えてくれる。癒やしてくれる。喜びを与えてくれる。酔っぱらわせてくれる。ワインはかけがえのない飲みものでもある。宗教儀式に欠かせないということもあるが、これがなくては生きる甲斐がないと（多くの人に）考えられている毎日の飲みものでもあるからだ。

ワインの未来はバラ色とは言い切れないまでも安泰に思える。ワインには、過去何世代にもわたる伝統とワインに生命を吹き込むテロワールとの強固な絆がある。だが、伝統と共に革新も、ワインの進化の強力で継続的な推進力だ。ワインはこれからもこれまで以上のスピードで進化し続けるだろう。

◉気候変動

気候変動がワインの世界に今後劇的な影響を及ぼすのはほぼ間違いない。実際、すでに劇的な影響を及ぼしつつある。高級ワインの伝統的な生産国では、平均気温の上昇によってブドウの成熟度が非常に高くなり、その結果ワインもアルコール度数が高くて酸味が少なく、繊細さとアロマの複雑味に欠けるものとなる傾向が出てきている。一方、気温の上昇は、これまでブドウ栽培の北限とされてきた地域に福音をもたらしている。近い将来、良質なワインのあらたな生産国や生産地が現われるだろう。

カナダは国土の大半が寒帯か亜寒帯に属するにも関わらずブドウ畑がある。そして良質なワインの生産国としていずれ南の隣国と肩を並べると言われている。以前はワインのイメージがなかったウクライナやモルドバ、クロアチアやポーランドといった東ヨーロッパの国々もあと数十年もすれば本格的で良質なワインの生産国として認知されるだろう。一方、イギリス、とくに南イングランドとウェールズにいまある（そしてこれから拓かれる）ブドウ畑は、スパークリング・ワインに加えて良質の白、ロゼ、赤のテーブルワインの産地としても期待が寄せられている。現にシャンパンの生産者たちは、マルヌのシャンパン用ブドウ畑と土壌がよく似た南イングランドのブドウ畑にすでに投資をはじめている。

気候変動と地球温暖化によって恩恵をこうむる人がいる一方で、敗者が生まれることも避けられ

イギリス、デボン州、ペブルベッドのワイン畑。もっとも楽しみなスパークリング・ワイン新興生産地のひとつがイングランド南部だ。これも気候変動の結果だろうか？

ない。気候変動と地球温暖化がもたらすものは気温の上昇だけではない。こういった現象が、洪水を引き起こす豪雨から長期にわたる干ばつまで、天候パターンのより極端な変動の引き金となっている可能性があることは周知の通りだ。一部のワインの生産国や生産地は、こうした気候の変化に苦しんでいる。暑過ぎたり、雨が少なかったり、季節はずれに予期せぬ大雨が降ったりして一年がかりの大規模なブドウの栽培ができなくなってしまったところもあるだろう。今後どんな天候パターンに落ち着くのか、いまはまだたしかなことを言える段階にないが、気候変動が現在進行中であるということはまぎれもない事実だ。

●技術

昔の人たちは、当時の最先端技術をてこにしてワインづくりの方法を洗練させてきた。重力を活かした古代の複雑な地下醸造システムから中世の太い角材の圧搾機へ、アンフォラという土器から水の漏れない木の樽へ、動物の皮からつくるペジェホやボタからガラス瓶と天然コルクへ。太古の時代からワインの製造は技術の進歩と手を取り合って歩んできた。

この150年間は科学の進歩によって、ワインづくりの科学的原理がより根本的に理解されるようになった。ルイ・パスツールは醱酵における微生物の働きを明らかにした。そのおかげで、ワインづくりをそれ以前よりかなり人間がコントロールできるようになり、はるかに品質が安定したワインをつくれるようになった。

数十年前から、温度調節可能なステンレスの容器が普及しはじめ、世界各地のワインづくりは大きく前進した。かつては世界の多くの国で、収穫時期の気温が高すぎてワインの風味が粗くなったり日に焼けた味になったりすることがあった。あっという間に酸化してしまうこともめずらしくなかった。こんにち、ステンレス製の醱酵用容器は、ワインの貯蔵室に設置される場合もあるが、日光が直接当たる屋外に設置されることさえある。醱酵槽を冷水で冷却する仕組みのおかげで、ブドウのマスト（ブドウは早めに収穫して圧搾することが多い。気温の低い夜に収穫するときもある）を低い温度で醱酵させることができる。おかげで暑い国や地域でも、爽やかですっきりとした飲み心地のワインをつくれるようになった。

現在、数多くの最先端技術がワインの生産現場に続々と導入されている。ブドウ畑はGPSの情報を使って植えつけが行なわれているし、ブドウ畑や貯蔵室の全工程はコンピュータによって監視されている。醱酵後のワインに微量の酸素を通してワインの性格をすみやかに引き出すマイクロオキシジェネーションなどの複雑な技術が広く受け入れられるようになってきた。ステンレスタンクにオークの板を差し込めば、ワインにオークの香りをつけることができる。ブドウ畑の病気・害虫対策も格段の進歩を遂げている。

今後数年から数十年の間に急速に発展し、遠からずワイン製造に相当の影響をもたらすだろうと言われている分野が遺伝子組み換え技術のブドウ品種と酵母への利用だ。これまでは植物の性質が変わるには数百年から数千年かかったが、ＤＮＡの遺伝子操作を行なえば、こうした変化をほぼ一瞬で実現できるようになるだろう。

ワインをあたかも工業製品のように生産している者たちにとって、ブドウの品種の遺伝子操作がどれほどの利益をもたらすかは容易に想像がつく。単純に考えれば、よりたくさんの実を結び、病気や病原体に耐性があり、殺虫剤や除草剤が少なくて済むブドウをつくれるかもしれない。19世紀末に遺伝子組み換え技術があれば、ヨーロッパのブドウ畑はフィロキセラを駆除するためにブドウを根扱ぎにせずに済んだのではないだろうか？

農作物を遺伝子操作する施設はすでに整えられ、実際に利用されている。それではこうした技術をヴィニフェラ種の栽培に応用することに何が待ったをかけているのだろうか？　さまざまな味の青い遺伝子操作トマトをつくることができるなら、同じように遺伝子を操作して、ワインに独特のアロマや味を足したり、ワインの色を濃くしたり薄くしたり、ブドウの収穫量を増やしたり、ブドウに含まれる糖の濃度を上げたりできるかもしれない。いや、こういったことが現に行なわれている可能性は十分ある。さらにつけ加えるなら、通常より早く醱酵に取りかかったり、硫化物に耐性があったり、低い温度で醱酵できたり、高いアルコール度数でも活動できる遺伝子組み換えワイン酵母をつくる研究は現在進行中である。こうした無数の不確定要素をコントロールできるようになれば、ワインの生産者は莫大な利益を得られるだろう。

だが、こうした技術を駆使することがワインの進むべき道なのだろうか？　遺伝子組み換え食品が人間の体に有害かどうかの答えはまだ出ていないが、環境と世界経済に悪影響を及ぼす可能性があることは間違いない。さらに、消費者も遺伝子組み換え食品の大々的な導入にはっきりと抵抗のかまえを示している。

また人々の間には、ワインはこれまでずっと、あらゆる生産物の中でもっとも純粋で自然なものと考えられてきたという意識がある。ワインの生産を、ブドウ畑やワイン貯蔵庫から科学者の研究室へ移すことは、「明らかに危険な一歩」とは言えないにしても、少なくとも商業的には分別を欠く一歩だろう。自然の産物は多くの要因に左右される。遺伝子組み換え技術は、自然の産物に関連する不確定要素の一部をコントロールできるかもしれない。人工の清涼飲料水のように均質な味のワインを大量生産できるようになるかもしれない。しかしもちろんそれと引き換えに、ワインの個性やすばらしい多様性、ヴィンテージの年ごとの違い、そしてワイン飲みたちが時々思いもかけず味わう喜びや驚きもあらかた失われるかもしれないのである。

●容器、対話、マーケティング

天然コルクに代わって人工コルクやスクリューキャップが急速に普及している。誰もがこの変化を歓迎しているわけではない。多くの人にとって、天然コルクを開ける儀式の美学もワインを瓶から味わう醍醐味のひとつなのだから。さらに、スクリューキャップが良質のワインにも利用されるようになって一定期間が経過したため、コルクで封をしたワインと、スクリューキャップで封をした同じワインを飲み比べられるようになった。この新しい栓を使えば鮮度と衛生状態が最高に守られた最高の結果が生まれるとはかぎらない。天然コルクが瓶入りワインの進化において独自の役割を果たしているように（ワインの味がよくなり、瓶内熟成に特有の複雑なブーケが生じる）、スクリューキャップにはスクリューキャップ独自の瓶入りワインの進化に与える影響があるのだろう。現にワイン評論家の中には、一部のワインについてはブドウの産地と同じくらい、何で栓をするかがワインの性格に影響すると言う者もいる。

ワインの容器についてはどうだろう？　省エネが叫ばれているいまの世の中でガラス瓶はいつまでワインの容器の主流であり続けるだろう？　瓶が広く用いられるようになったのはたかだかこの300年ほどだ。ワインのずっしりとした瓶を世界の端から端まで輸送するために、現在相当なコストがかかっている。すでにワインを大きな袋に入れてコンテナに詰め、船で輸送して目的国で瓶詰めしている場合も多い。ならばなぜあえてガラスの瓶を使うのか？　2011年、世界初の紙製ワインボトルが売り出された。重さわずか55グラム。一方、ガラス瓶は500グラムだ。瓶の形をした紙容器は完全に分解されて土に還る。純粋主義者やワイン通を気取る人たちは、こういった進歩を鼻であしらうのだろうが、埋め立て式のゴミ廃棄場がどれだけ高くつくかを考えれば、ガラス瓶に代わる容器を早急に見つける必要があるのはたしかだ。

大量のワインが、ブランド名を前面に押し出した「工業製品」になりつつあるのは事実だ。そして、若い世代はワインと古くから縁のある土地や伝統といった文脈にこだわりなく、こういったアルコール飲料を飲むようになっている。だとすれば、重たいほかの市販飲料と同様に、瓶以外のもっと工夫されたパッケージを利用したところでまったく問題ないということになる。既成概念にとらわれないマーケティングの流れによって、若いワイン世代の間では伝統的な瓶やコルク離れが進むだろう。いずれ瓶やコルクが信じられないくらい古臭く思える時代がやってくるかもしれない。

科学技術の進歩や容器の変化という現象が、ワインが大量生産される国際的なブランド商品になりつつある流れの一環であるとするなら、その一方で小規模な個人生産者たちは、自分の縄張りを守るためにこれからも奮闘を続けるだろう。対抗手段のひとつとして、生産者たちは地球規模のコミュニケーションツールを最大限活用して消費者との直接の対話を図ることができる。これまでワインの生産者が消費者に直接伝えることができたのは、ワインのラベルに記載される情報だけだった。いまやワインの生産者のホームページにアクセスすれば、栽培方法、醱酵や釀造の過程、さらにワインを試飲した感想まで知ることができる。伝統的な食べものやワインに関する情報の中には、興味さえあれば、ブドウ畑や貯蔵庫のようすを見ることのできる映像まである。生産者は、メールやインターネットフォーラムなどのデジタル通信手段を使って、消費者と直接やり取りできる。

こうした情報が提供されるのはもはやパソコンにかぎらない。すでに携帯型モバイル機器やスマートフォン用に、ワインの生産者と消費者を直接つなぐアプリが開発されている。店頭に並ぶワインの瓶のQRコードにスマートフォンをかざせば厖大な情報が手に入る。いまやワインリストをiPadで紹介するレストランもある。画面をクリックすれば、そのワインについてのさまざまな情報――ソムリエが教えてくれるたいていの知識を上回る――を入手できるサービスだ。

文字通り、現代はさっと指を動かすだけで情報が手に入る時代だ。自分たちのワインを飲んでいる人たちと直接やり取りできる――ワインの作り手にとって、ことほどありがたい機会はないだろう。こうした流れはさらに加速していくはずだ。消費者との直接のやり取りは強力な武器になる。これがあれば、小さい畑でこつこつとワインをつくっている生産者も、巨大な多国籍企業やメーカーに対抗できるかもしれない。

◉自然への回帰

気候変動は、ワインの世界の地理にもすでに影響を及ぼしつつあるようだ。ブドウ栽培とワイン製造に関わる技術と科学の進歩と革新によって、世界中の国々で、より一貫した品質のワインが、より大量に製造されるようになるだろう。遺伝子組み換え技術は、市場のニーズに応え、現代人の味覚に合うワインをつくろうとしているメーカーにとって追い風になるかもしれない。しかし、そのために地球環境はどれだけの代償を払わなくてはならないだろうか？　世界的なブランド名をワインにかぶせて売り出そうとする流れは今後も続くだろう。すでにワインは、世間によく知られる国際的なブドウ品種名を前面に押し出す格好で販売されている。その陰で生物多様性は犠牲になり、こうした国際的なブドウ品種名の数も減るばかりだ。このようにワインは、つくり手の顔や人柄が伝わる手づくりの品というより、工業製品の一種に近づきつつあるという危機的状況にさらされている。

だがそうは言っても、人類の誕生とほぼ同時にはじまった息の長いワインの伝統と文化が途絶えることはない。私はそう確信している。多国籍企業が力を増す一方で、生産者と消費者の間に、小さなものは大きなものよりも美しいことが多いという共通の認識が芽生えている。同じ土地が文字通り何世代にもわたってひとつの家族に耕されてきた歴史あるワイナリーと、力のおよぶかぎり最高のワインをつくろうという情熱あふれるワイン愛好家がはじめた新興のブティックワイナリーで、過去にずっと続いてきた通りの方法でワインをつくろうとする回帰の動きがある。

食品の品質と安全性への関心が増すにつれ、有機農法やバイオダイナミック農法［人智学者ルドルフ・シュタイナーが提唱した、太陰暦に基づく「農業暦」などに従う農法］の評価もしだいに高まってきた。これらはもはや好事家の趣味とは考えられていない。事実、有機ワインやバイオダイナミックワインは、以前よりかなり入手しやすくなった。ワインの原料となるブドウが、できるかぎり自

過去への回帰。生産者の中には、現代の科学技術がもたらす均質な結果を嫌う者もいる。たとえば、私たちの祖先が数千年前に行なっていたように、あえて素焼きの壺やアンフォラで醱酵を行なう者もいる。

然に栽培され、余計な化学薬品や添加物、その他の詭弁が使われていないと知ることは、消費者には重要であり、品質が保証されたワインであれば高くても自分から求める人は数多くいる。

自分が生産するワインを、公的機関に保証してもらうことを選択しない生産者の中にも、やはりできるだけ自然にワインをつくろうとする人たちがいるようだ。実際、有機ワインの増加に伴い、「自然派ワイン」と呼ばれるものをつくろうとする生産者が増えている。こういった生産者はブドウ畑の病気や害虫を予防するために、自然成分やハーブ、捕食性昆虫といった、従来とは違う方法を選択する。ワインの醱酵も、研究室から購入する培養酵母を使わずに、ブドウの花に付いている自然の酵母のみを使う。こういった自然派ワインの場合、ブドウ畑でもワインの醸造の過程でも、硫黄《いおう》の使用［硫黄や二酸化硫黄は、防腐や酸化防止のために昔から数多くの食品に使用されてきた］は必要最小限にとどめられるか、完全に控えられる。化学薬品（安定剤）を使うのではなく、冬はワインを屋外に出して、寒気の中で固形物を自然に沈殿させる伝統的な方法で安定化させる。こういった自然派ワインには濾過していないものが多いので、瓶の底に澱が溜まる。これは不良品ではなく、すぐれた品質の証拠と考えられている。こういった自然な、時代を超越した方法を支持する人たちは、ワインの中の自然の成分を濾過して取り除くことは、ワインの魂とでもいうべきものを失うのも同然だと主張する。

ワインづくりがはじまった頃、新石器時代の作り手たちは、つぶしたブドウを原始的な土器の壺や甕の中で醱酵させた。いまも一部の生産者は、温度調節の可能なステンレスタンクどころか、木

人間が創造したあらゆる飲みものの中で、ワインには、私たちの生活に喜びをもたらす格別な力がある。ワインは、儀式のための酒であり、悲しみ、憂いに暮れているときの慰めであり、生きていることの幸せを感じさせてくれる、日常の飲みものでもある。

の醱酵容器さえ拒否して、テラコッタのアンフォラで醱酵を行なうという古来の方法への回帰を選択している。こうしてつくられたワインはじつに美味である。

同様に、巨大な多国籍企業や大手ブランドのワイナリーが、自分たちのソーヴィニョン・ブラン、シャルドネ、シラーズ、カベルネ・ソーヴィニョン、メルローのあらたな販路を開拓するにつれてブドウ品種の数が減っていく一方、世間にあまり知られていない地域の土着種を保護して、世に広めようとする動きも起きている。こうしたブドウからは、あなたがこれまでに味わったどのワインとも違う味のワインができるだろう――じつにすばらしい話ではないか。工業製品のように、一握りの国際的なブドウ品種を世界各地で栽培して加工した、均質で清潔な大量生産のワインはすでに掃いて捨てるほどある。その一方で、地域固有の品種からつくられる、生産者ひとりひとりの顔が見えてくるような個人生産のワインを扱う市場が成長している。今後もその成長が続くことを祈ろう。

地球規模のワインの歴史――それはけっして完結することのない、魅力的な物語だ。私たちを文明の曙から現在へ、そして未来へ、世界のありとあらゆる場所へと運んでいってくれる。それはグラスの中のワインのように無限の種類があり、きらきらと輝きながら変幻自在に色を変える、じっくり味わわれるべき物語だ。このささやかな本はワインの世界という広大な世界を探検する足掛かりに過ぎない。さあ、勇気と好奇心と冒険心をもって、ワインを心と頭で深く味わい、湧き上がる喜びに身を委ねてみようではないか。

謝辞

ワインについて学ぶこと――それは生涯を通じた旅であり、さいわいにも私は妻キムという誠実な伴侶に恵まれた。私がワインについて知るすべて――テイスティングしたり飲んだりした数えきれないほどのボトル、ワインの作り手たちとの邂逅、ワインに縁《ゆかり》の深い土地の探検、ボトルに込められた物語の発見――こうしたすべてを私はキムと共有してきた。キムが撮影したたくさんの写真がこの本を彩っている。妻は、ワインの物語に生き生きとした生命を吹き込むさまざまな図版を提供するために、図版の綿密な調査にもあたってくれた。妻にはたいへんな借りが（少なくとも上等なバローロの1本分か2本分）できた。

魅力的なテーマを網羅するエディブルシリーズの総編集者、アンドルー・F・スミスには、シリーズへの参加を呼びかけてもらったことを感謝する。そしてこのシリーズに、ほんの一部でも携わらせていただけたことを誇りに思う。リアクションブックスの発行者、マイケル・リーマンにもお礼申し上げる。原稿を仕上げるのが予定よりかなり遅れてしまっても理解を示し、辛抱強く待っていてくださった。マーサ・ジェイとリアクションブックス社の編集・デザインチームのみなさんにも感謝する。この本を編集、校正、製本するにあたって、じつに注意深く、目を光らせてくれた。すべてがコンピュータの画面で行なわれる電子出版の時代に、本づくりにまつわるあれこれは見落とされがちだが、丁寧な編集作業と本の製作に必要な、伝統的な出版技術がいまも重宝されていることを知ってほっとしている。

巨大なテーマを扱ったこのささやかな本の執筆は、気ままに何度も、大勢の友人や仲間とワインを酌み交わし意見を交換したおかげで最初から最後まで順調だった。兄のデヴィッドは真面目で物知りなワイン通である。私たちは、妹のミシェルも交えてボトルを何本も空にしながら議論した。「ケニヨン・レビュー」の編集者デヴィッド・リンとは、グラスを片手にワイン談義や文学談義に花を咲かせた。ワインの生産者で親友でもあるマリオ・フォンタナ、ジェフ・ボウエンとは、一緒にワインを飲み、学び、テイスティングした。ミシュランふたつ星レストランのシェフ、マイケル・ケインズは、おそらく私がこれまで出会った人たちの中で最高の、そしてもっとも正確な味覚のもち主である。私たちは、ワインをテイスティングしたり、ワインや料理や宇宙について論じたりして楽しい時を過ごした。親友のジョン・シュプレーとジェイン・シュプレーとは、もっとも重大な人生の瞬間を、たいていいつもワインを1杯か2杯傾けながら一緒に過ごした。最後に私の子供たち、ガイとベラがワインを大好きになってくれたら、そして私たちがこれからもずっと一緒に味見したり、発見したり、学んだり、楽しんだり、ワインの国へ実際に足を運んだり、ワイングラスを傾けたりしながら旅ができたら、これほどうれしいことはない。

訳者あとがき

「ワインの歴史」はいかがだったでしょうか。本書は、古代から現代まで世界のワインを幅広く丁寧に紹介した魅力的な本ですが、残念なことに日本のワインにひとことも触れていません。そこで僭越ながら日本のワインの歴史とその楽しみな展望について簡単に紹介させて頂きたいと思います。

ブドウ栽培の歴史は古く、日本のワイン産業史年表を見ると「奈良時代に僧行基が甲斐国（現在の山梨県）の東部でブドウ栽培を奨励」とあります。しかし、日本でワインが本格的に生産されるようになったのは、明治時代の殖産興業政策によって多くの官製醸造所や民間のワイン会社が設立されて以降の話であり、きっかけは維新の三傑大久保利通が視察先のフランスで、夕食時にあたりまえのようにワインを飲む「先進国の豊かな文化」を体験したことと言われています。明治10年には高野正誠と土屋龍憲というふたりの青年がフランスに派遣されます。ふたりはわずか一年半でブドウ栽培や醸造等の技術を学び、日本のワイン製造の基礎を築きました。ふたりが帰国した年にヴィニフェラ種のブドウ苗木の移植が試みられるも失敗。日本のブドウ畑にはラブルスカ種のコンコードなどが導入されることになります。一方、新潟県では「日本のワインブドウの父」と称えられる川上善兵衛が私財を投げ打ってブドウの品種改良に取り組み、マスカット・ベーリーAなど40種類近くの交配種を世に送り出しました。本格的な醸造所ができたのは明治25年。本文にもあるようにワインの普及の要は物流網の整備ですが、明治37年に新宿と甲府を結ぶ中央線が開通し、同時に煉瓦を使った鉄道トンネル技術を応用して煉瓦造りの貯蔵庫も建設されるようになりました。明治42年には近代ワイナリーの先駆けとなる登美《とみ》農場が開かれます。日本のワイン産業の土台は明治時代に着実に築かれていきました。

第二次世界大戦後、日本のワインは大きな転機を迎えます。その転換点が昭和39年の東京オリンピックと昭和45年の大阪万博でした。食生活の洋風化が一段と進み、庶民も気軽に海外旅行に出かけるようになり、「第一次ワインブーム」が到来します。その頃まで日本で人気があったのはワインに糖や香味料を加えた「甘味ブドウ酒」でしたが、昭和50年に「本格ワイン」と「甘味ブドウ酒」の消費量が逆転します。日本でワインの生産がはじまってから約１００年後のことでした。

現在日本では、山梨県以外にも長野県や北海道をはじめ何と九州まで、全国津々浦々に本格的なワイナリーが開設されています。国産ワインの味も格段によくなりました。日本の固有種やコンコード種などからシャルドネ、メルロー、ピノ、カベルネといった国際的品種への切り替えが進んだことも原因のひとつと言われています。ワインに適したブドウ種を丁寧に栽培して適切な方法で醸造すればおいしいワインができる……どこかで聞いた話ではないでしょうか。もちろん、生産者の努力によって世界的に高く評価されている甲州という日本の固有種もあります。

素材を重視する和食にはやさしい味の日本ワインがしっくりくる、そんな風におっしゃる方もいます。山菜料理にきりっとした白を、カモ肉料理にはコクのある赤を合わせて。そのワインが私たちになじみ深い日本の里山の風と光と土を感じさせてくれるワインであったなら、素敵ですね。

『ワインの歴史』(*Wine: A Global History*)はイギリスのReaktion Booksが刊行するThe Edible Seriesの一冊です。著者のマルク・ミロンは食とワインと旅行を専門とするライターで『ヨーロッパのワインと食べ物』『フランス・ワイン街道』(いずれも未訳)などの著書があります。

本文中の引用は訳者による私訳ですが、聖書からの引用は『聖書』(新共同訳)、『オデュッセイア』の引用は『オデュッセイア』(松平千秋訳・岩波文庫)、フォルスタッフのセリフは「ヘンリー四世 第2部」(『シェイクスピア全集4 史劇1』所収・中野好夫訳・筑摩書房)を参照させて頂きました。記して感謝申し上げます。

本書の訳出にあたっては、今回も原書房の中村剛さんにたいへんお世話になりました。心よりお礼申し上げます。

２０１５年１１月

竹田　円

写真ならびに図版への謝辞

著者と出版社より、図版の提供と掲載を許可してくれた関係者にお礼を申し上げる。

Shutterstock: pp.67, 71, 107, 109, 112, 114, 116, 118, 121, 124, 125, 128; British Museum Images: pp. 9, 10, 14, 15, 31, 32, 35, 36, 43, 44, 47, 56, 57, 135; Kim Millon Photography: pp. 6, 18, 22, 25, 42, 49, 60, 64, 77, 83, 85, 87, 94, 99, 102, 137, 141, 143, 149, 156, 164, 166.

レシピ集

料理とワインの組み合わせ

ワインというものは，不要な謎を生み出すものであるようだ。こうした領域のひとつが，「正しい」ワインと料理の組み合わせだ。本来，互いを補い合う食べものの組み合わせに謎など存在するはずがない。魚料理と一緒に赤ワインが飲みたいのなら，それが絞首刑にも値する大罪であるわけがない。血の滴るようなステーキと甘い白ワインの組み合わせがお好みなら，甘い白ワインを飲むべきである。

味覚は完全に個人的なものであり，どの人にも，誰に何と言われようとこれが好きだという味の組み合わせがある。とはいえ，このテーマをもっと深く追求してみたいと思うのなら，料理とワインの組み合わせをじっくりと考えてみたり，注意深くなったりすることによって，食事にまたひとつ素敵なお楽しみをつけ加えることができるはずだ。

同じ産地どうしの組み合わせは，何十年も何百年も前から試されてきた。そしてたいがいうまくいく。意外に思われるかもしれないが，甘いソーテルヌやモンバジャックは，こってりとしたフォアグラ・ド・カナール（カモのフォアグラ）や塩味の強いロックフォールチーズ（青かびで熟成させた羊乳のチーズ）とうっとりするくらい相性がいい。その他の，伝統的な料理とワインの組み合わせは言うまでもない。

アスパラガスは，シャープな草の香りのソーヴィニョン・ブランと組み合わせると絶妙なアンサンブルを奏でる。甲殻類は，ミュスカデやアルバリーニョのような，酸味のある，海の香りの爽やかなワインで流し込めば，口の中で踊り出す。薪のオーブンで焼いたラムは，リオハ・レゼルバの深く豊かな，オークの香りと合わさると，ひときわ食欲をそそる。ビターダーク・チョコのデザートはワインと組み合わせるのが難しいとよく言われるが，ペドロ・ヒメネスという干しブドウの香りのごく甘いシェリー酒と組み合わせると，天にも昇る味わいが生まれる。

どのワインを選ぶかを決定するのは，シーバス，鶏肉，鹿肉といったメインとなる食材だけではなく，料理づくりに関わるあらゆる要素であることが多いたとえば，甘いのか，酸っぱいのか，ハーブが効いているのか——などだ。こういった要素はよく考えなくてはならない。つまり，これらの味を補うワインを選ぶことは，メインの食材と合ったワインを選ぶのと同じくらい重要なのだ。

当然のことながら，ワインを料理に使うなら，飲んで最高においしいワインを使うべきである（「安ワイン」を料理に使うのは，ぜったいにやってはいけない！）。ワインの名産地の伝統的な料理には，コック・オー・ボジョレー［鶏の赤ワイン煮］，リゾット・アル・バルベーラ，ストラコット・アル・キャンティ［牛肉の赤ワイン煮］のように，ワインの名前を冠したものもあるだろう。こういった料理に，別のワインを合わせるのは，異端に等しい行為だろう（ただし，幸せな異端者であることは何も悪いことではない）。

とはいえ，ワインと料理の組み合わせは偶然生まれる――「うちに何のワインがあったかしら？」――かもしれないし，化学的な分析から生まれる場合もある。ソムリエがいるレストランに行くなら，その専門知識をぜひとも活用させてもらって，自分が選んだメニューに合うワインを教えてもらおう。

ぜひおぼえておいてほしいのは，理屈や決まりごとや戒めは数々あっても，最後は個人の好みであるということだ。一日の終わりには，誰に何をけなされようが，自分のお気に入りを飲もうじゃないか。

ワインは，料理と一緒であろうとなかろうと，それ自体完璧な飲みものである。気の利いた飲みもののベースにもなる。ここでは人気のカクテルを3つ紹介しよう。

◉グリューワイン，またの名をヴァン・ショー，モルドワイン

グリューワインは，伝統的な山の冬の飲みもの。スパイスを入れたワインを温めてつくる。標高の高い山で一日中歩いたり，スキーで滑ったりした体を芯から温めるのにうってつけの飲みものだ。

フルボディの赤ワイン（タンニンや酸味の強過ぎないもの）…1本
シナモンスティック…1本
クローブ…6枚
砂糖…大さじ2～3（またはお好みで）
ブランデー…ワイングラス1杯
レモン，またはオレンジの薄切り（飾り用）

1. レモンとオレンジの薄切り以外の材料を片手鍋に入れて，約10分間，ごく弱火にかける（アルコールが飛んでしまうので沸騰させないこと）。
2. ワイングラス，またはタンブラーに注ぎ，レモンかオレンジの薄切りを入れて供する。

◉サングリア

サングリアは愉快な飲みものだ。山のグリューワインとは対照的な，スペインとポルトガルの飲みもの。太陽が照りつける夏のイベリア半島で飲めば，すきっとして元気になる。

スペイン，またはポルトガルの赤ワ

イン…1本
オレンジの薄切り…2個分
レモンの薄切り…2個分
季節の果物（イチゴ，ラズベリーなど）
砂糖…適宜
コアントロー，またはブランデー…ワイングラス1杯
レモネード，または炭酸水…200*ml*

1. すべての材料を合わせて，よく冷やす。
2. お好みで甘くして，氷の入ったグラスに注いで供する。

・・・・・・・・・・・・・・・・・・・・・・・・・・・・・

◉スプリッツ

ヴェネツィアの代表的なアペリティーヴォ（食前酒）。水の都の，典型的なバーカリ（バー）のメニュー。

カンパリ，またはアペロール*
ヴェネト産の白ワイン，またはプロセッコ（スパークリング・ワイン）
炭酸水
レモンの薄切り（飾り用）
*どちらもハーブのリキュール

1. グラスにカンパリ，またはアペロールを1フィンガー注ぐ。
2. その上にヴェネト産の白ワインまたはプロセッコを同量，さらに炭酸水も同量注ぐ。
3. レモンの薄切りを添える。

ワインと合うレシピ集

◉フォレレ・ブラウ，またの名をトリュイット・オ・ブルー（青いニジマス）

正統派の「青いニジマス」をつくるには，とびきり新鮮で，なるべく人の手が触れていないニジマスを用意する。それさえクリアできれば，調理した魚は，パッと目を引く，おいしそうな青い色になる。

（クールブイヨン［香辛料や香味野菜を白ワインなどで煮た，だし汁］の材料）
白のリースリング，またはシルヴァーナーのワイン…150*ml*
白ワインビネガー…大さじ4
水…1リットル
ニンジンの薄切り…1本
タマネギの薄切り…1個
ブーケガルニ…1束
ベイリーフ…1枚
塩…大さじ1
黒コショウ…6粒

（ニジマス）
新鮮なニジマス*…4尾
細かく刻んだパセリ
レモンの薄切り
*内臓を取ってきれいに洗う。ただしできるだけ手で触れないようにする。

1. クールブイヨンの材料をすべて大

きな鍋に入れて，弱火で30分間煮込む。
2. 別の大きな鍋にニジマスを入れ，魚が隠れるくらい，クールブイヨンを足す。
3. 約15分（ニジマスの大きさにもよる），もしくはニジマスが青くなるか，完全に火が通るまで弱火にかける。
4. ニジマスの形を整えて皿によそい，パセリを散らして，レモンの薄切りをのせる。
5. ゆでたジャガイモと一緒に供する。

おすすめのワイン——モーゼル・ザール・ルーヴァー産のリースリング・カビネット。フランケン産のシルヴァーナー・トロッケン。アルザス産のリースリング。

……………………………

◉メヒリョネス・アル・ヘレス（ムール貝のシェリー酒蒸し）

ムール貝をワインで蒸すのはこの人気の貝の伝統的な調理法で，どんな白ワインを使ってもかまわないのだが，ここで紹介するアンダルシア州のレシピではシェリー酒のフィノというタイプを使う。

（2～4人分）
ムール貝（きれいに洗ったもの）…1.5*kg*
スペイン産オリーブオイル…大さじ2～3
ニンニク（つぶしたもの）…丸2個
タマネギみじん切り…小1個
小麦粉…大さじ1
シェリー酒・フィノ…ボトル½

1. ムール貝を洗う。軽く押したときに殻が閉じないものは除く。
2. 大きい厚底鍋にスペイン製オリーブオイル大さじ2～3杯を入れ，ニンニクがしんなりとするまで弱火で炒める。
3. シェリー酒（ボトル½）の半量を鍋に入れ，煮立たせる。
4. 洗ったムール貝を鍋に入れ，ムール貝がすべて殻を開くまで強火で5分間煮る。
5. ムール貝を鍋から引き上げる。煮汁は取っておく。
6. 鍋をきれいに洗い，オリーブオイル少々を入れて，タマネギのみじん切りを弱火で炒める。
7. 5の煮汁，シェリー酒の残りを鍋に入れて煮立たせる。
8. 小麦粉を加えて泡だて器で混ぜてとろみをつけ，さらに5分ほど煮る。
9. 鍋にムール貝を戻し，8のソースとよくからめる。
10. 堅いパンをたっぷりと添えて供する（ソースをしみ込ませて食べる）。

おすすめのワイン——シェリー・フィノ。または，シェリー・マンサニーリャ。

……………………………

◉コック・オー・ヴァン（雄鶏の赤ワイン煮）

肉をワインで煮込むのは，年寄りの牛や鶏の肉をやわらかくして風味を足すための伝統的な方法だ。コック・オー・ヴァンは，本来は雄鶏の肉（老いた雄鶏を丸ごとゆでたもの）でつくるものだが，現代では若鶏を使うのが一般的。ブルゴーニュの伝統的な郷土料理だが，世界各地のワインの産地にはそれぞれ独自のレシピがある。

（4人分）
バター…50*g*
ラードン［豚肉の脂身］またはベーコン（さいの目に切ったもの）…100*g*
ベビーオニオン（ペコロス）…20個
鶏肉…1.5*kg*
赤ワイン*…1本
鶏ガラスープ（濃いめ）…250*ml*
ブーケガルニ…1束
ニンニク（皮をむき，つぶしたもの）…2片
ベイリーフ…2枚
新鮮なタイムか，マジョラム…1枝
マッシュルーム…250*g*
ブールマニエ**…少量
きざみパセリ

*マコン，ボジョレーなどガメイ種のものがよい。

**やわらかく練ったバターに小麦粉を練り合わせたもの。

1. 鶏肉を8つに切り分け，塩，挽きたての黒コショウ，ブランデー（グラス小1杯）で下味をつけておく。
2. 大型の鍋にバターを入れて溶かし，さいの目に切ったラードン，もしくはベーコンを弱火で炒める。
3. ベビーオニオンを加えて，きつね色になるまで炒める。きつね色になったら，ラードン（ベーコン）と一緒に取り出しておく。
4. 鶏肉を入れて，こんがりと焼き色がつくまで炒める。
5. ベビーオニオンとラードンを鍋に戻す。
6. ブランデーをお玉に入れ，熱して火をつける。火がついた状態のブランデーを鶏肉とベビーオニオンに注ぐ。炎が消えるまで，鍋を前後に揺する。
7. 赤ワイン，鶏ガラスープ，ブーケガルニ，ニンニク，ベイリーフ，タイム（マジョラム）を鍋に入れて，45分から1時間，鶏がやわらかくなるまでじっくり煮込む。
8. マッシュルームをしっかりと焼いて水分を飛ばしてから鍋に加え，鶏とワインと一緒に20分ほど煮込む。
9. 鍋から，鶏，ベビーオニオン，マッシュルームを取り出し，耐熱性容器に入れて，オーブンで温める。
10. 鍋の煮汁の表面に浮かんだ脂肪をすくい取って捨て，強火にして煮汁を煮詰めてから，ベイリーフとブーケガルニを取り除いて，味を調える。
11. ブールマニエを足してソースにと

ろみをつける。ダブル・クリーム［乳脂肪濃度の高い，濃厚なクリーム］が目安。

12. 鶏肉にソースをかけて刻みパセリを散らしたら，出来上がり。

おすすめのワイン――マコン・ルージュ，ボジョレー・ヴィラージュ，モルゴン，ムーラン・ナ・ヴァン

....

◉ブラザート・アル・バローロ（牛肉のバローロ煮込み）

料理の名前には，コック・オー・シャンベルタンや，今回のブラザート・アル・バローロのように，料理に使うワインを大々的に掲げたものが多い。私たちの経験から言うと，こういった料理を本当に味わえるのは，ワインの作り手の家でごちそうになるか，自分でつくる場合だけだ。ここでご紹介するのは，カッシーナ・フォンタナ［バローロの著名な生産者］のエルダ・フォンタナ直伝の，ランゲの伝統的レシピ。料理に使ったバローロは自宅台所地下のセラーの大樽から直接取ってきてくれたもの。

食べる前日につくるのがおすすめ。

（4～6人分）
牛かたまり肉（ウチモモなどの赤身）…1.5kg
バローロ…1本
ニンジン（皮をむいて粗みじん切りにする）…2本
タマネギ（粗みじん切りにしたもの）…2個
セロリ（粗くスライスする）…2本
ベイリーフ…1本
ローズマリー…1枝
赤ピーマン…½個
ニンニク（皮をむいて粗みじん切りにする）…2片
ブロス（だし汁）
オリーブオイル…大さじ2～3
バター…少量

1. 耐熱性の陶器のキャセロール，または鋳鉄の鍋に，オリーブオイルとバターを熱して，肉をしっかり焼く。
2. みじん切りにした野菜を加えて，しんなりとするまで加熱する。
3. バローロ½リットルを注いで鍋に蓋をし，ごく弱火で90分ほど煮込む。時々ようすを見て，煮汁が煮詰まる前にブロスかワインの残りを足す。
4. いったん火を止めて冷ます。理想を言えば，一晩寝かせるとよい。
5. 肉を取り出して厚めにスライスする。
6. 野菜はフードプロセッサーにかけ，鍋に戻し，とろみがつくまで煮詰める。
7. 肉を鍋に戻して，食卓に出す直前に温める。
8. 肉にソースをかけたら出来上がり。つけ合わせには，ニンジングラッセ，マッシュポテト，サラダ，ポレンタ［コーンミールを粥状に煮たイタリア料理］が合うだろう。

おすすめのワイン——バローロ

・・・・・・・・・・・・・・・・・・・・・・・・・・・・・・・・・・

◉サバイヨン・アラ・マルサラ

サバイヨンは，泡立てた卵黄，砂糖，マルサラワインを合わせたカスタード風デザート。つくり方はいたってシンプルだが，とろみがつくまで，時間をかけてゆっくり根気よく材料を混ぜ合わせなくてはならない。マルサラは，シチリア島西部の酒精強化デザート・ワインで，イタリア，ピエモンテ州の名物デザート，ザバイオーネ［サバイヨンの原型］に使われる伝統的なワイン。ただし，モスカート・ダスティなどのワインでもつくることができる。その場合は，より軽い仕上がりになる。

(4人分)
卵黄…6個分
砂糖…大さじ6
マルサラワイン…300*ml*

1. 卵黄と砂糖をクリーム状になるまでかき混ぜる。
2. 1を二重鍋に入れて（もしくは大きなフライパンの上に小さなフライパンを重ね，そこに入れてもよい）下の鍋に水を入れて弱火にかける（上の鍋の底に水が触れないように注意しよう）。
3. 1をかき混ぜながら，少しずつマルサラを加える（水を沸騰させないこと——沸騰するとスクランブルエッグになってしまう）。
4. ワインがカスタードにしっかりなじむまで泡立て続ける。お湯の温度が上がると，全体のかさが増えて表面に細かい泡ができる。
5. 十分とろみがついたら，グラスによそうか，スポンジケーキにのせて，すぐにいただく。

マルク・ミロン（Marc Millon）
食，ワイン，旅行をテーマとした執筆活動を行なう。『ヨーロッパのワインと食べ物 *The Wine and Food of Europe*』（1982），『フランス・ワイン街道 *The Wine Roads of France*』（1989），『イタリア・ワイン街道 *The Wine Roads of Italy*』（1991），『スペイン・ワイン街道 *The Wine Roads of Spain*』（1993）などの著作がある。イギリス，デボン州在住。

竹田円（たけだ・まどか）
東京大学大学院人文社会系研究科修士課程修了。専攻スラヴ文学。訳書に，ゲイリー・アレン『ハーブの歴史』（原書房），アンドルー・F・スミス『ジャガイモの歴史』（原書房），ジョシュア・グリーン『モラル・トライブズ』（岩波書店），ポール・ブルーム『ジャスト・ベイビー』（NTT 出版）などがある。

Wine: A Global History by Marc Millon
was first published by Reaktion Books in the Edible Series, London, UK, 2013

「食《しょく》」の図書館《としょかん》

ワインの歴史《れきし》

●

2015年11月25日　第1刷

著者……………マルク・ミロン

訳者……………竹田《たけだ》 円《まどか》

装幀……………佐々木正見

発行者……………成瀬雅人

発行所……………株式会社原書房

〒160-0022 東京都新宿区新宿1-25-13

電話・代表 03(3354)0685

振替・00150-6-151594

http://www.harashobo.co.jp

印刷……………新灯印刷株式会社

製本……………東京美術紙工協業組合

ISBN 978-4-562-05173-1, Printed in Japan

パンの歴史　《「食」の図書館》

ウィリアム・ルーベル／堤理華訳

変幻自在のパンの中には、よりよい食と暮らしを追い求めてきた人類の歴史がつまっている。多くのカラー図版とともに読み解く人とパンの６千年の物語。世界中のパンで作るレシピ付。　２０００円

カレーの歴史　《「食」の図書館》

コリーン・テイラー・セン／竹田円訳

「グローバル」という形容詞がふさわしいカレー。インド、イギリス、ヨーロッパ、南北アメリカ、アフリカ、アジア、日本など、世界中のカレーの歴史について豊富なカラー図版とともに楽しく読み解く。　２０００円

キノコの歴史　《「食」の図書館》

シンシア・D・バーテルセン／関根光宏訳

「神の食べもの」か「悪魔の食べもの」か？　キノコ自体の平易な解説はもちろん、採集・食べ方・保存、毒殺と中毒、宗教と幻覚、現代のキノコ産業についてまで述べた、キノコと人間の文化の歴史。　２０００円

お茶の歴史　《「食」の図書館》

ヘレン・サベリ／竹田円訳

中国、イギリス、インドの緑茶や紅茶のみならず、中央アジア、ロシア、トルコ、アフリカまで言及した、まさに「お茶の世界史」。日本茶、プラントハンター、ティーバッグ誕生秘話など、楽しい話題満載。　２０００円

スパイスの歴史　《「食」の図書館》

フレッド・ツァラ／竹田円訳

シナモン、コショウ、トウガラシなど５つの最重要スパイスに注目し、古代～大航海時代～現代まで、食はもちろん経済、戦争、科学など、世界を動かす原動力としてのスパイスのドラマチックな歴史を描く。　２０００円

（価格は税別）

鮭の歴史　《「食」の図書館》

ニコラース・ミンク／大間知知子訳

人間がいかに鮭を獲り、食べ、保存（塩漬け、燻製、缶詰ほか）してきたかを描く、鮭の食文化史。アイヌを含む日本の事例も詳しく記述。意外に短い生鮭の歴史、遺伝子組み換え鮭など最新の動向もつたえる。　２０００円

レモンの歴史　《「食」の図書館》

トビー・ゾンネマン／高尾菜つこ訳

しぼって、切って、漬けておいしく、油としても使えるレモンの歴史。信仰や儀式との関係、メディチ家の重要な役割、重病の特効薬など、アラブ人が世界に伝えた果物には驚きのエピソードがいっぱい！　２０００円

牛肉の歴史　《「食」の図書館》

ローナ・ピアッティ＝ファーネル／富永佐知子訳

人間が大昔から利用し、食べ、尊敬してきた牛。世界の牛肉利用の歴史、調理法、牛肉と文化の関係等、多角的に描く。成育における問題等にもふれ、「生き物を食べること」の意味を考える。　２０００円

ハーブの歴史　《「食」の図書館》

ゲイリー・アレン／竹田円訳

ハーブとは一体なんだろう？　スパイスとの関係は？　それとも毒？　答えの数だけある人間とハーブの物語の数々を紹介。人間の食と医、民族の移動、戦争…ハーブには驚きのエピソードがいっぱい。　２０００円

コメの歴史　《「食」の図書館》

レニー・マートン／龍和子訳

アジアと西アフリカで生まれたコメは、いかに世界中へ広がっていったのか。伝播と食べ方の歴史、日本の寿司や酒をはじめとする各地の料理、コメと芸術、コメと祭礼など、コメのすべてをグローバルに描く。　２０００円

（価格は税別）

ケーキの歴史物語《お菓子の図書館》

ニコラ・ハンブル／堤理華訳

ケーキって一体なに？　いつ頃どこで生まれた？　フランスは豪華でイギリスは地味なのはなぜ？　始まり、作り方と食べ方の変遷、文化や社会との意外な関係など、実は奥深いケーキの歴史を楽しく説き明かす。2000円

アイスクリームの歴史物語《お菓子の図書館》

ローラ・ワイス／竹田円訳

アイスクリームの歴史は、多くの努力といくつかの素敵な偶然で出来ている。「超ぜいたく品」から大量消費社会に至るまで、コーンの誕生と影響力など、誰も知らないトリビアが盛りだくさんの楽しい本。2000円

チョコレートの歴史物語《お菓子の図書館》

サラ・モス、アレクサンダー・バデノック／堤理華訳

マヤ、アステカなどのメソアメリカで「神への捧げ物」だったカカオが、世界中を魅了するチョコレートになるまでの激動の歴史。原産地搾取という「負」の歴史、企業のイメージ戦略などについても言及。2000円

パイの歴史物語《お菓子の図書館》

ジャネット・クラークソン／竹田円訳

サクサクのパイは、昔は中身を保存・運搬するただの入れ物だった!?　中身を真空パックする実用料理だったパイが、芸術的なまでに進化する驚きの歴史。パイにこめられた庶民の知恵と工夫をお読みあれ。2000円

パンケーキの歴史物語《お菓子の図書館》

ケン・アルバーラ／関根光宏訳

甘くてしょっぱくて、素朴でゴージャス――変幻自在なパンケーキの意外に奥深い歴史。あっと驚く作り方・食べ方から、社会や文化、芸術との関係まで、パンケーキの楽しいエピソードが満載。レシピ付。2000円

（価格は税別）

ドーナツの歴史物語　《お菓子の図書館》

ヘザー・デランシー・ハンウィック／伊藤綺訳

世界各国に数知れないほどの種類があり、人々の生活に深く結びついてきたドーナツ。ドーナツ大国アメリカのチェーン店と小規模店の戦略、ドーナツ最新トレンド、高級ドーナツ職人事情等、エピソード満載！　２０００円

ニンジンでトロイア戦争に勝つ方法　上・下　世界を変えた20の野菜の歴史

レベッカ・ラップ／緒川久美子訳

トロイの木馬の中でギリシア人がニンジンをかじった理由は？　など、身近な野菜の起源、分類、栄養といった科学的側面をはじめ、歴史、迷信、伝説、文化まで驚きにみちたそのすべてが楽しくわかる。　各２０００円

シャーロック・ホームズと見る　ヴィクトリア朝英国の食卓と生活

関矢悦子

目玉焼きじゃないハムエッグや定番の燻製ニシン、各種お茶にアルコールの数々、面倒な結婚手続きや使用人事情、やっぱり揉めてる遺産相続まで、あの時代の市民生活をホームズ物語とともに調べてみました。　２４００円

紅茶スパイ　英国人プラントハンター中国をゆく

サラ・ローズ／築地誠子訳

19世紀、中国がひた隠しにしてきた茶の製法とタネを入手するため、凄腕プラントハンターが中国奥地に潜入。激動の時代を背景に、ミステリアスな紅茶の歴史を描いた、面白さ抜群の歴史ノンフィクション！　２４００円

美食の歴史２０００年

パトリス・ジェリネ／北村陽子訳

古代から未知なる食物を求めて、世界中を旅してきた人類。食は我々の習慣、生活様式を大きく変化させ、戦争の原因にもなった。様々な食材の古代から現代までの変遷や、芸術へと磨き上げた人々の歴史。　２８００円

（価格は税別）

必携ワイン速習ブック JSA呼称資格試験合格への最短ルート

剣持春夫、佐藤秀仁

日本ソムリエ協会の認定試験に対応し、教本の中で学ぶべき要点を網羅している。視覚に訴える地図など工夫を凝らした画期的なワインの教科書。ソムリエ界の重鎮が初めて明かすワインのてほどき。 ３０００円

ワインを楽しむ58のアロマガイド

M・モワッセフ、P・カザマヨール／剣持春夫監修／松永りえ訳

ワインの特徴である香りを丁寧に解説。通常はブドウの品種、産地へと辿っていくが、本書ではグラスに注いだ香りからルーツ探しがスタートする。香りの基礎知識、嗅覚、ワイン醸造なども網羅した必読書。 ２２００円

ワインの世界史 海を渡ったワインの秘密

ジャン＝ロベール・ピット／幸田礼雅訳

聖書の物語、詩人・知識人の含蓄のある言葉、またワイン文化にはイギリスが深くかかわっているなどの興味深い挿話をまじえながら、世界中に広がるワインの魅力と壮大な歴史を描く。 ３２００円

フランス料理の歴史

マグロンヌ・トゥーサン＝サマ／太田佐絵子訳

遥か中世の都市市民が生んだフランス料理が、どのようにして今の姿になったのか。食と市民生活の歴史をたどり、文化としてのフランス料理が誕生するまでの全過程を描く。中世以来の貴重なレシピも付録。 ３２００円

マリー＝アンヌ・カンタン **フランスチーズガイドブック**

マリー＝アンヌ・カンタン／太田佐絵子訳

著名なチーズ専門店の店主が、写真とともにタイプ別に解説、具体的なコメントを付す。フランスのほぼ全てのチーズとヨーロッパの代表的なチーズを網羅し、チーズを味わうための実践的なアドバイスも記載。 ２８００円

（価格は税別）

ボタニカルイラストで見る ハーブの歴史百科 栽培法から調理まで

キャロライン・ホームズ／高尾菜つこ訳

ハーブの気候条件や草丈、原産、歴史、栽培法、保存法や調理法などの基本情報のほか、実用的な栽培のコツや栄養成分、伝統的なレシピなどが記されている。菜園でもキッチンでも活用できる1冊。 2800円

ボタニカルイラストで見る 野菜の歴史百科 栽培法から調理まで

サイモン・アケロイド／内田智穂子訳

豊富な美しいイラストとともに、約70種におよぶ利用価値の高い野菜の実践的な栽培の秘訣、興味をそそる歴史や各野菜の栄養素、伝統的なレシピを紹介。野菜の新しい世界の扉を開けてくれるガイドブック。 2800円

ボタニカルイラストで見る 園芸植物学百科

ジェフ・ホッジ／上原ゆうこ訳

精密な植物図を満載し、植物学用語の秘密と植物学についてわかりやすく解説する。植物学の基本原理と言葉を理解し、ワンランク上のガーデニングを可能にしてくれる美しい挿絵入りの入門書。 2800円

ヴィジュアル版 植物ラテン語事典

ロレイン・ハリソン／上原ゆうこ訳

代表的な植物やプラントハンター、植物の由来や姿かたち、色や特性、味や香りなどの豊富なコラムと、英国王立園芸協会リンドリー図書館所蔵の100以上におよぶ美しい図版が掲載された決定版！ 2800円

ヴェネツィアのチャイナローズ 失われた薔薇のルーツを巡る冒険

アンドレア・ディ・ロビラント／堤けいこ訳

ジョゼフィーヌ皇妃の側近だった先祖がヴェネツィアにもたらした「ローザ・モチェニガ」のルーツを探り、品種登録を目指すうち、作家は過去と現在のバラ愛好家たちの情熱と品種改良の歴史を知る。 2500円

（価格は税別）